続 学校に行きたくない君へ

全国不登校新聞社 編

社

続　学校に行きたくない君へ

装画　　西原理恵子
マンガ　棚園正一
装丁　　bookwall

はじめに

『学校に行きたくない君へ』（18年8月刊行）に続き、本書『続　学校に行きたくない君へ』を世に送り出すことができ、とても嬉しく思っています。

第1弾と同じく、本書でも、日本で唯一の不登校の情報紙「不登校新聞」に掲載された著名な方へのインタビューのなかから、17本の記事を選び、収録しています。

主な聞き手は、不登校・ひきこもりの当事者・経験者である子ども若者編集部です。現在は、10歳から39歳まで、２００人以上が編集部に在籍。北海道から九州まで、全国から月1回の編集会議のために東京に集まります。

編集会議では、自由に議論することを大切にしています。部員たちは、取材したい人を提案し、なぜ話を聞きたいのか、理由を説明します。そうすると、そっか、いま私は進路で悩んでいるんだ、親子関係で悩んでいるんだ、自由とはなにかということを知りたいんだ、などぼんやりしていた悩みや興味が自分自身にとって明確になります。

取材に行くのに、大切にしていることはひとつだけ。「私が話を聞きたい人に話を聞きにいく」ということです。「世のため」「人のため」ではなく「私」が話を聞きたくて行く、というのが大原則です。部員たちが依頼の手紙を書き、インタビューをします。

今回、書籍に登場してくださる17名の方たちをはじめ、どの方たちも、若者たちが正面からぶつかっていくのに対し、真摯《しんし》に向き合い、これまでのご経験や深い人生観をお話しくださいました。

みなさんの言葉が彼ら彼女らにどう響いたのかは、今回、マンガ家の棚園正一《たなぞのしょういち》さんがマンガにしてくださいました。また、巻末には、北斗晶《ほくとあきら》さんと不登校新聞の編集長・石井志昂《しこう》の対談も掲載しています。北斗さんは、親としての立場から、率直に語ってくださいました。

本書を手に取ってくださった読者のみなさんの胸に響く言葉が、ひとつでも多くありますようにと願っています。それでは、どうぞ本編をお楽しみください。

NPO法人全国不登校新聞社

目次 contents

ちょっとの「好き」を集めて、
積み重ねていく

中川翔子

中川翔子（なかがわ・しょうこ）

1985年、東京都生まれ。タレント、女優、歌手、声優など、多方面で活躍。近年は、自身の経験をふまえて「いじめ・引きこもり」のテーマと向き合い、多数の番組に出演。著書に『「死ぬんじゃねーぞ!!」いじめられている君はゼッタイ悪くない』などがある。

――私はいま、中学3年生で不登校です。友だちもいないし、ゲームをしてもアニメを見ても楽しくないし、この先も不安です。私には生きる理由がよくわからないです。でも、きっとこの世界は楽しいはずだという思いもあります。だから、中川さんの「生きる理由」をお聞きしてみたいです。

中川　いま、真夜中のまっただなかにいる感じなんだね。私も13歳のころ「思い描いていた自分の未来じゃない」と思っていました。心のなかでの口ぐせは「どうせ私なんか」でした。中学に入ってから、いじめを受けていたからです。靴を隠されたり、キモイって目の前で言われたり、いま思い出しても、すごくつらくて、悔しいことがたくさんありました。

いま自分に起きていることを、ポジティブに考えようと思っても、ネガティブなまま受け入れようと思っても、どうにもならなかったです。いじめてきた人に「言い返してやればよかった」「仕返しをしてやる」とか、そんなふうに思いながらも、教室に入るのが怖くて学校へ行けなかったことがあります。

学校へ行かなくなっても、苦しい日は続きました。「学校へ行きなさい」と言う母親とドア越しに怒鳴り合ったこともありました。親と言い合うのって、すごくつらいですよね。学校へ行けない日は自分の部屋で朝までネットをして、お風呂にも入らずダラダラして、でもなんだかイライラしてきて、拳《こぶし》で壁に穴をあけて「なにやってんだろう」ってうなだれたりしていました。

心のなかで大人に悪態をついていた

中川　そんなとき、まわりの大人はよかれと思って「卒業しちゃえば楽になるから大丈夫だよ」と言ってくれました。そういう大人に当時の私は「無責任なことを言いやがって」と心のなかで悪態をついていました。

子どものころは学校と家がすべての世界。それ以外の場所や世界なんて想像ができないです。大人はすぐに「それ以外がある」「その先がある」って言うけど、そんな言葉、届かなかったです。私には将来なんてない、この先の夢なんてないけど、どうしても学校には行かなきゃいけない、そういうことばっかり考えていました。だから「もうムリ!」「死にたい!」っていう衝動には何度も何度も襲われました。

それが私の10代だったので、あなたが生きる理由を聞きたい気持ちもわかる気がします。きっと同じようなことがあったかもしれないし、私よりひどいことがあったのかもしれません。

私は、たまたまオタク気質で、当時から戦隊モノやアニメやカンフー映画が大好きでした。いじめてきた人たちを見返してやりたいって気持ちもあり、オーディションを受けたこともありましたが落ちまくりました（笑）。

ジャッキー・チェンが声をかけてくれた

中川　見かねた母が貯金をはたいて、私の誕生日に香港へ連れて行ってくれたことがあります。そしたらね、たまたま入ったレストランにカンフー映画の超大物俳優ジャッキー・チェンがいたんです。

しかも座っていたのが私の斜め前。憧れのジャッキーが目の前にいて……、もう号泣です。騒いじゃいけないと思ったから、声を殺しながらの号泣でした。

そしたら、ジャッキーが「どうしたの？」って声をかけてくれました。その声にまた感激して、とめどもなく涙があふれてきて、ふり絞るように「今日、私は誕生日です。あなたに会えてうれしい」と伝えました。そしたらジャッキーは、たぶん撮影で骨折した足を引きずりながら、店の奥へ消えて、ハッピーバースデーと書かれた花束を持ってきてくれました。

「生きててよかった」って、その瞬間に思ったんです。それまで「死んでやる」とばかり考えていましたが、すべてがひっくり返りました。

だからね、人生は何があるかわからないんです。

――はい……（泣）。

中川　あー、なんていい子なんだ（泣）。

あのね、いまは「うるせぇ」と思うかもしれないけど、生きててね。私は10代だったとき、生きる理由はわかりませんでした。理不尽なことや腹が立つことが多すぎて、生きててもくだらないって思っていました。

いちばんひどい日を乗り越えると「そうでもない日」が来る

中川　でも「死ななくてよかった」って思える日は、あなたにも絶対あります。そのためには、ちょっとでもいいから「自分の好き」を寄せ集めてみてください。

めちゃくちゃ好きなことばかりじゃなくていいんです。「このチョコ、おいしい」とか、「このゲームは前作よりおもしろい」とか、ほんとにちょっとの「好き」で大丈夫です。

それをなんとなくでも寄せ集めて、積み重ねていって、いちばんひどい日を乗り越えると「そうでもない日」が来ます。

「そうでもない日」が続いた先に、思いがけない「死ななくてよかった」と思える日が来るはずです。私はそうやって死にたい日を1日ずつ先延ばしにしてきました。死にたい夜をたまたま乗り切って、無理やり生き延びてきた気がします。だから、どうかあなたも生き延びてね。

――私はいま、作業療法士をしています。私も不登校をして、その後、高校、大学へと進みましたが、いまでも「明日」がつらい日があります。大人になってからでも、つらい日ってどうしたらいいんでしょうか。

中川　大人になってからは学生とはちがうしんどさがありますよね。
先ほど話したジャッキーの件ですが、その後、ジャッキーの事務所（日本文部）に入ることができました。けれども仕事をもらえなすぎて、1年でクビになっています。契約解除のハンコを押すとき、すごく死にたいと思いました。

やめなければ、いつか会える日が来る

中川　そんなときに漫画家の楳図《うめず》かずお先生のアシスタントをさせてもらったことがありました。たまたまアシスタントさんが体調不良になって舞い込んできた仕事でした。

心のなかでは、芸能界はもうやめようと思っていた時期ですから「いい記念になるな」って思ったんです。ところが、仕事が終わって帰ろうとしたとき、楳図先生が「またね」って言ってくれました。

この「またね」の3文字にガーンってきて。もしかして、やめなければまたいつか会える日が来るかもしれないって。その一言が、この世界に踏みとどま

った理由でした。

そんななかで始めたのがブログです。当時、SNSもなかったので……、あ、ごめんね、こんな古代の話で（笑）。

――いえいえ（笑）。

中川　最初はグチを書こうと思っていましたが、書き始めると当時を思い出して「オエッ」ってなってしまう。なので、どうせならこのブログを「明るい遺書」にしようと思いました。自分が好きなことだけを記録として残しておこう、と。

猫がカワイイから載せる。ドライマンゴーがおいしかったから載せる。コスプレをしてみたから載せる。1日何十回もブログを更新しました。そうすると、好きなものに囲まれているからか、だんだんと「ヒャッハー」って感じで、ハイになってきたんですよね。それで死ぬのは一回置いておこう、となった。

「好き」のパワーに後押しされた

中川　もちろん、その後も悪口を言われたり、マウンティングされたりして、イヤな目にもあいました。でも、「好き」を溜《た》め込んできたパワーみたいなものに自分が後押しされていたように思います。

そのうちに、つらいことが起きても負の感情の避け方も見えてきました。たとえば「今日はいつも最後に食べる中トロを最初に食べてやろう」とか、「卵かけご飯にトリュフオイルをかけてやろう」とか、その程度で気が晴れるんです。

たぶん、いちばんきつかったときに学んできたことの積み重ねが効いているんじゃないかな。そんなふうに、すこしずつ自分をコントロールして、風が吹く日を待てるようになってきた気がします。

――最後の質問ですが、ご著書『「死ぬんじゃねーぞ!!」いじめられている君はゼッタイ悪くない』にどんなメッセージを込められましたでしょうか。

中川　この本が誰かの「隣《とな》る人」になればと思っています。「隣る人」というのは、児童養護施設の職員の方が使われていた言葉で、文字どおりに隣にいて支える人です。

私がいじめで靴を隠されたり、しんどいときに、さりげなく隣にいて、いっしょに絵を描いたり、話してくれたりした子がいました。その子の存在が本当にありがたかった。ふつうにあいさつしてくれるだけでもうれしかったです。

この本には、私がいままで書けなかったこと、言い足りなかったことを絵と文字で、できるだけ伝わりやすいように形にしたつもりです。だからいま苦しくて、学校へ行きたくない夜を迎えている子にとって、この本が「隣る人」になればすてきだなと思っています。

ヨシタケシンスケ

遠回りしたからこそ、見えることがたくさんある

ヨシタケシンスケ

1973年、神奈川県生まれ。『りんごかもしれない』でMOE絵本屋さん大賞第1位、産経児童出版文化賞美術賞、『もう ぬげない』でMOE絵本屋さん大賞第1位、2017年ボローニャ・ラガッツィ賞優秀賞など数々の賞を受賞。ほか著書に『あるかしら書店』など多数ある。

撮影:矢部朱希子

――絵本作家として活躍されていますが、もともとはイラストがご専門だったそうですね。

ヨシタケ　僕は絵本作家になれると思ったことがないし、なりたいと思ったこともないんです。イラストレーターになったいきさつとしては、僕は大学を出たあと、社会人になるのがすごく嫌だったんです。

それでも就職はしましたが、毎日上司の悪口にいろいろなイラストを描き添えて、ストレスを発散させていました。すぐ後ろを同僚が通るので、見つからないように片手で隠しながら（笑）。

だけどあるとき経理の女性にイラストが見つかってしまったんです。そうしたら信じられないことに、「絵がカワイイ」と褒めてもらえました。それまで絵を人に見せたことがなかったから驚きました。僕は人から怒られるのは大嫌いですが、褒めてもらうのは大好き（笑）。絵を認めてもらえたことがうれしくて、勢いで今までに描いていたイラストをまとめて、冊子をつくりました。

３００部くらい刷りましたが、当然ながら無名の僕の本は全然売れません。大量の本を自宅に置きっぱなしにしているのもジャマだったので、余っていた本はどんどん人に配っていました。

そうしたらたまたま出版社の人に本がわたり、それが縁で30歳のときにイラスト集を出させてもらいました。その後、本を見た方からイラストの依頼をぽつぽつといただけるようになり、結果としてイラストレーターになったんです。絵本のデビュー作となった『りんごかもしれない』も、編集の方から「絵本を描きませんか」というお話を受けてつくりました。イラストレーターも絵本作家も、自分から強く「なりたい」と思ったことはないんです。

できないことから逃げて、今のやり方にたどりついた

――『りんごかもしれない』は、どんな思いでつくられたのでしょうか。

ヨシタケ　どんな絵本をつくりたいかを考えたとき、「自分が嫌だと思った絵本の要素は絶対に入れたくない」と思ったんです。子どもだったころ、最初の数ページだけで「あ、これは途中からつまらなくなるやつだぞ」とすぐにわかる本がありました。読んでいるとだんだんと説教くさくなる絵本です（笑）。

僕が描きたかった主人公は、すぐにあきらめて投げ出したり、反省しないで失敗をくり返したりする、そういうふつうの子どもなんです。そういう子が絵本に出てくると僕はホッとしました。だから、僕は今でも、子どものころの自分がおもしろいと思えるような絵本を描《か》きたいと思っています。

作家というと、「自分の表現したいものを強く持っている人」というイメージがあるかもしれませんが、僕は全然そんなタイプではないんですよね。最初のころは伝えたいメッセージもなかったですし、編集者の方からお題をもらっていました。

また、色をつけるのが下手なので、色はデザイナーの方につけてもらっています。さらに僕は元々の絵が小さいので、原画を拡大して本にしている。それなのに絵本の賞をいただいていて、申し訳ないくらいです（笑）。自分のできないことからあれこれと逃げてきた結果、今のやり方にたどりつきました。

――作家として成功されていますが、「逃げてきた」という意識があるのですか。

ヨシタケ　ずっと嫌なことから逃げてきましたね。子どものころから体は大きかったのですが気が弱くて、若いときは自分の意見を持つというのがどういうことなのかもわかりませんでした。

最初に入った会社も半年で辞めています。まわりはいい人たちでしたが、みんなに合わせて行動することに、体が拒否反応を起こしていました。

一番きつかった時期に考えていたのは、「現実の世界と空想の世界を完全に分けてしまえば、自分は楽になるはずだ」ということ。その思いを達成するために自分の頭の中だけの世界を創造しようとしたんです。だから僕はヒマさえあれば、手の平をじーっと見つめていたんです。何をしていたかというと、手の上に「自分にしか見えない小人」が見えるようになるための訓練なんです（笑）。

遠回りしたけど、せっかくならたくさんの景色を見る

――危ない精神状態ですね（笑）。

ヨシタケ　とんでもない奴でしょう（笑）。手の上に小人がいると想像して、「こいつだけは僕のことを何でもわかってくれる。だからつらくてもがんばろ

う」と思っていました。手の平を見ながら「もっと小人がはっきり見えるようになったら、自分は社会人としてやっていける」って思ってましたからね。ふり返ると自分でもぞっとしますよ。いやあ、こんな人でも絵本作家になれるんですね(笑)。

僕は遠回りをしてきましたが「せっかくならたくさんの景色を見よう」と思っていました。遠回りしたからこそ生み出せるものがあるし、逃げたからこそ得られるものがまちがいなくあります。とはいえ僕が若い人に向かって「今、たいへんかもしれないけど、それは将来の役に立つよ」と言ったところで説得力はないでしょう。

僕が若いときも、そんなことを言う大人に対してはイラッとしました。だから作家としては、読む人に直接届く言葉で本をつくりたいと思っています。「大人になればわかる」みたいな言葉は、僕が子どものころに言われて一番嫌な言葉でしたから。

――どんな子ども時代でしたか。

ヨシタケ　小学校のころはすごくおとなしい子で、今でもそうですけど、怒られるのがすごく嫌いでしたね（笑）。母親に褒めてもらいたいとずっと思ってたんですけど、褒められたいって気持ちと怒られたくないって気持ちが混ざってきて。褒められるためには怒られてはいけない。「いやそれは僕のせいじゃないんだよ」とどうすれば言い訳できるかとか、そんなことばっかり考える子どもでしたね。

僕は4人兄弟なんですけど、2つ上の姉が天才で、何をやっても姉が褒められるんです。「私はこれをやりたい」って自分のことを話すのが得意な人で、家庭で僕がなんか言うと場が荒れるんです。

だから僕は、自分の意見を言うのが自分のためにならなかった。なんにも得しないから黙ってようという生き方をするようになったんですね。そのことに全然苦はなかったんですよ。でもそうすると中学、高校のころにめちゃくちゃ困るわけです。君は何がやりたいの、君の夢はなんなのって聞かれるから。

人の言うことを聞くのは得意なんですよ。だから職人さんになりたかったんですね。あの人は言ったとおりのものは作れる人だと信用してもらって、作ったものを売る。でも人づきあいが嫌いだから、一人できちんと作って満足してもらう。そういう生き方ができたらいいなと思ってたんです。

オリジナルの「逃げる」を生み出せたらいい

――私には不登校の経験があるのですが、「苦しいことから逃げている」と言われるのが嫌でした。「逃げる」や「遠回り」という言葉を言われると嫌な気持ちになります。

ヨシタケ　言葉を扱う仕事をはじめてから、「言葉ってインチキくさいな」と思うようになりました。一言で「逃げる」と言っても、一人で逃げるのか、誰かと逃げるのかによって、中身はまったくちがってきます。言葉は案外適当なものなんです。

「あきらめる」という言葉も世間では悪い意味かもしれませんが、元々は「物事をあきらかにして、本質を見極める」という意味です。一つの言葉には、けっして一つではないたくさんの意味があるし、その意味を自分でつくり出すこともできます。

「逃げる」という言葉も、自分なりに価値のある言葉にできると思います。「遠回り」や「弱さ」や「甘え」といった言葉も全部そうです。僕は言葉の使い方のレパートリーを増やしたり、そのためのアイデアを提供したりすることを、自分の本でやってきたつもりです。

人が批判的に使う「逃げる」ではなく、オリジナルな「逃げる」が生み出せたらいいですよね。うまくいけば「俺には逃げる才能があるんだ」とか、「君の逃げ方はまだまだだね」とか、強気な言い方もできるのではないでしょうか。

人は、自分が思ってるほど強くも弱くもない

ヨシタケ　転んでもただでは起きたくないな、転びっぱなしなんてつまんないなって思いがずっとありました。どこかから逃げてきた人って、同じように逃げてる人がよくわかるじゃないですか。あ、君も──？って（笑）。

今後つらいことがあったときに、いやあのときほどつらくねぇなっていう自分の中での担保《たんぽ》になるかもしれないし、俺もこれくらい持ってんぜっていう、

お互いに見せあえるよりどころになるかもしれない。

人はやっぱり、自分が思ってるほど強くも弱くもないんですよ。それは大人になってわかることの一つでもある。けっこうみんなえらい荷物持ってんなと。それを仕事にできる人もいるしできない人もいるけど、荷物を持ってることが別に恥ずかしいことではないんです。

その荷物は意外とその人の根幹にかかわる、生きてくときに必要なものなんじゃないかなと思うんです。好き好んで持ってるんじゃねぇよ、できればこんなもん持ちたくないよ、と思うんですね。だけど、人として生きていくときに、自分では不本意に手にしてしまったその何かを、使わざるをえないんです。みんなそれぞれの冷蔵庫に入っているもので、おいしいものを作るしかないんですよね。

「自分の場所はここじゃない」と思えるのはすごいこと

——不登校について、どう思われますか。

ヨシタケ　自分の意見を持たずに大学まで行っちゃった人間としては、自分で決められてすごいなと思います。まわりからいろいろ言われても、自分を強く守っていかないといけない。自分が決めた行動に、責任を負っていく覚悟ができていることは、僕からみたらすごいことです。

社会のシステムの中で、「自分の場所はここじゃないな」と思えたことは、すごいと思うんですよ。大人になってからもそうです。いろいろなところで「ここは俺の出番じゃないな」と探っていって、「これだったら我慢できるかも」と、我慢できるところが見つけられる日がくるのだと思います。

決断するって覚悟がいりますよ。僕は会社を半年で辞めちゃいましたけど、その辞めたことがすごい自分を勇気づけるというか、すごい勇気いったわけです。隣にいた課長にちょっとお話がありますってメールを打って、その送信ボタンをめちゃめちゃ押しにくかった（笑）。

本当に大切なのは、原因ではなく事実

――不登校になると、行かなくなった原因をよく聞かれます。原因をうまく説明するための言葉もあるのでしょうか。

ヨシタケ　僕は『このあと どうしちゃおう』という絵本で、おじいちゃんが亡くなる話を描きました。だけどこの本では、おじいちゃんが亡くなった原因を明らかにしていません。

これまで僕は死に関して「みんな死因にこだわりすぎではないか」と思ってきたためです。病死なのか事故死なのか殺されてしまったのかによって、その人の死の意味が変わってきてしまう。

だけど「なぜ亡くなったのか」という理由がわかっても、「亡くなった」という事実が変わるわけではありません。僕が死について描くとしたら、ある人がもういないという現実に、残された人がどう向き合うかをテーマにしたいと思いました。

原因の話は、不登校のことと共通しているかもしれません。本当に大事なのは、学校に行かない理由や原因よりも、今学校へ行っていないという事実です。そしてそれを自分やまわりがどう受け止めるかではないでしょうか。行かなくなった原因がわかって、すっきりするかといえばそうでもないし、問題が解決できるとはかぎりません。

「過去に何があったか」ではなく、「今の状態とどう向き合うか」を考え方のベースにすることで、見えてくるものがあるように思います。そうすると「せっかく自由に使える1日があるのだから、この時間を何かにいかそうか」と思えるのかもしれません。

ただ僕にも子どもがいて、リアルタイムでベストな対応をするのは、親としてやっぱり難しいですよね。今はあれこれ話せていても、実際には「あのときああすればよかった」と後悔することがいっぱいあります（笑）。自戒を込めて言えば、子どもと一生懸命向き合えるだけの余裕を持っておきたいです。

自分の「色」を塗り替えてもいい

りゅうちぇる

りゅうちぇる

1995年、沖縄県生まれ。ショップ店員をするかたわら読者モデルとして活躍し、テレビ番組の出演を機に知名度が全国区となる。2018年からは音楽活動も本格始動。「自分の色を取り戻そう」というメッセージが若者を中心に共感を集めている。

――私は小学校4年生のとき不登校になってから、学校へ行かない生き方もあることを知り、自分らしく生きていていいと思えました。でも、いざ時を経て社会へ出ていくと、自分らしく生きてはいけない圧力も感じて、否定されたような気持ちになっていました。りゅうちぇるさんは「自分を愛することが大事」と発信されていますが、どうすれば自分を愛することができるのでしょうか。

りゅうちぇる　今では「自分を愛することが大事」とよく言ってますが、僕も自分のことを愛せない時期がありました。幼いころから僕は女の子のような見た目や声、しぐさをしていて、何よりかわいいものが大好き。

でも、そのせいで幼稚園のころからずっとまわりにからかわれてきました。僕が何か話そうとすれば「女みたい」と冷やかされ、大好きなバービー人形を手に取るだけで「おまえは男の子が好きなんだろ?」と言われる。そのたびにプライドはズタズタ。そういう経験が何度もありました。

僕はずっと恋愛対象は女性で、今でもかわいいものが大好きです。それなのに僕の行動ひとつで、かんたんに性別や性的指向までもが決めつけられてしまう。

いっそのこと男の子が好きなほうがラクだったかもしれない。なんでこんなふうに生まれてきたのだろう。もう死んで生まれ変われるんだったらそれを待つしかない。そんなことばかり考えていました。

そんな気持ちは家族にも誰にも言えませんでした。中学に入ってから本当の自分をつねに隠すようにしていました。わざと声を低くして、身振りも控えて、クールな自分を装ったんです。嫌われたくないし、いじめられたくないから、自分の心を閉ざして偽っていましたが、すごくつらかったです。

はじめての居場所はSNSだった

りゅうちぇる　そんなとき、はじめてできた居場所がSNSでした。中学3年のころTwitterが流行りだして、僕もアカウントをつくったんです。地元の友達には絶対見られないように設定して、そのとき抱えていたストレスをつぶやいたり、土日にメイクをして自撮りを載せたりしました。そういうふうに自分の逃げ場をつくっていったんですね。

ＳＮＳのなかでだんだんと素の自分が出せるようになって、すべての情報を公開しました。そしたら、地元の子のあいだで「超派手な男の子がこの高校に入学する」という感じで少し話題になり、高校に入学するぐらいのときには「あ、りゅうちぇるだ」と言ってもらえたんです。

そのとき、自分を認めてくれる人がどこかにいると気づいたんです。もしかしたら自分の方がまわりの人や世界を決めつけていたのかもしれない。知らない場所に行ってみたら、いろんな人や考え方に出会えることを知りました。自分を愛せるようになったのは、それからでした。

「こんな自分になりたい」という理想像を持ってみる

――自分を愛するためにできることって具体的にはなんでしょうか。

りゅうちぇる　たとえば「こんな自分になりたい」という理想像を持ってみるといいかもしれません。僕は中学生のころから今に至るまで「こういう自分になる」という夢をノートに書き溜めています。

時間が経ってから、そのノートを見返すと、中学生の僕が期待していたことを思い出し「これだけは実現させよう」って思えるんです。たとえその夢が叶わなくても、自分を愛し続ければ、いつかその夢は叶うんだとも思っています。大事なのは、自分がなりたい姿を思い描くことで、行動につながりやすくなるということ。自分を愛することで、いろんな行動につながり、人とのつながりが生まれます。

実際に僕も専門学校を卒業したときは、ほとんど東京の人とのつながりはありませんでしたが、今は、仲間にも仕事にも運命の人にも恵まれました。やっぱり、それらは自分を愛したからこそだと思うんですね。

先ほど、あなたは不登校についてご自身の話をしてくれましたが、小学4年で自分は学校に向いていないと気がつけたのってすごいです。自分の性格をわかってあげていて、自分を大切にするために、自分を守る行動をとったからです。

人としてダメだとか、自分を責める要素はひとつもない。むしろ僕は、そう思えた自分を尊重してあげてほしいと思いました。人のためより、まずは自分のために、を大切にしてほしいです。

「自分は自分でいいんだよね」というスタンスを大切にする

——今、私は不登校で、世間から見たら「ふつう」ではないと見られてしまいます。私は「ふつう」という言葉にこの1年、苦しんできました。りゅうちぇるさんは、どうやって自分を貫いているんでしょうか。

りゅうちぇる　自分のなかの「ふつう」しか受け入れられない人も、現実にはいるんですよね。SNS上では僕もよく批判の的になっています。

偏見の目で見る人はずっと偏見の目で見ている。その人たちを変えようと思っても、それは僕たちの「ふつう」や「偏見」を強要しているだけかもしれません。だから、「そういう人もいるよね、でも、やっぱり自分は自分でいいんだよね」というスタンスを大切にしています。

また、意見のちがう人に会ったときには、その人の背景を考えるようにしています。

——批判する相手の背景を考えるようになったのはいつからですか。

りゅうちぇる　子育てしてからです。子どもの成長にしたがって言葉や行動に変化があって「そもそもどうしてこういう行動をとったのか」と考えることが増えたんですね。それからは僕自身の心境にも変化があって、人や物事の背景を考えられるようになりました。

だから、以前は言葉や行動だけで人を判断してたけど、最近は「この人も大変なんだなあ」と思うようにしています。そう考えられるようになってから、僕にも心の余裕ができてきました。

とはいえ、やっぱりどうしても傷つくこともあります。最近で言えば「あなたの子どもがかわいそう」なんて言われて、すごくショックでした。でも、そんなときでも「僕はこの人のことを知ってるの？」と自分に問いかけるんです。

尊敬してる人に言われたら傷つくかもしれないけど、赤の他人に言われた言葉で傷つく必要はない。背景を見ないまま、その言葉を受け取っちゃダメだと思いました。

自分を貫くのも大切だけど、ときには変化があってもいい

――それでも自分を見失ってしまったら、どうすればいいのでしょうか。

りゅうちぇる　僕は自分の「色」を塗り替えてもいいと思っています。この話はニュアンスで受け取ってほしいんですが、その人の基盤となる色は決まっていたとしても、やっぱり人間は生きている以上、色は塗り替えていくのではないかと思います。僕自身テレビに出始めたころは、ヘアバンドとチークのスタイルでしたけど、今は変わってきました。

自分のために自分を貫くのも大切だけど、ときには変化があってもいいんです。こう思うまでには、僕も何度も傷ついたことがあって、「本当に必要だったのかな」と嫌になる経験もありました。でも、涙を流した分だけ優しくなれたり、人への思いやりができたりするんですよね。

だから一度自分を見失ったとしても、それはちゃんと成長していて、どんどん自分の魅力が増していく証拠。大丈夫だと思います。

――私、今の話にすごく共感しました。私自身、中学校のときにはいじめで苦し

んできたんですが、それでも「まわりが望む自分」にしがみつこうとして葛藤しています。そんな自分を受け入れる方法をお聞きしたいです。

りゅうちぇる　まだ気持ちに整理がつかないときは距離を置くのもひとつの手だし、無理に向き合ったり、頑張ったりする必要はないと思います。

そういうときは自分を甘やかしていいんです。「これではダメだ」と自分に厳しいからこそ、余計にそう思ってしまうと思うのですが、もっと自分を甘やかしてあげて、少しずつ色を塗り替えていけばいいのかなと思います。

そうしていくうちに「今のタイミングなら自分で切り替えられるかも」という時期がかならず来ます。「この人とは嫌な思い出もあったけど、今なら仲良くなれる気がする」と、いつか自然と思えることだってある。だからそのタイミングが来るまで待つのもいいかなと思います。

立川志の輔

他人とちがうのは、いいこと

立川志の輔（たてかわ・しのすけ）

1954年、富山県生まれ。劇団昴《すばる》、広告制作会社に勤務後、29歳で立川談志に入門。90年、文化庁芸術祭賞、2015年、紫綬褒章《しじゅほうしょう》を受章。NHK「ガッテン！」をはじめ、テレビ・ラジオでも活躍している。

――落語的に見ると、不登校って、どういうことになりますでしょうか。

立川　そうですね、たとえば「文七元結《ぶんしちもっとい》」という噺《はなし》があります。とても腕のいい職人であるにもかかわらず、バクチと酒に溺れている男がいて、バクチに負けて女房にあたってばかりいる。

それを見るに見かねた娘がある日、吉原《よしわら》の遊郭《ゆうかく》に自分を売ってくれと申し出るんです。それでできた50両で父親に借金を返してもらって、まともになってほしい、と。

そこで遊郭の女将《おかみ》は父親に、「娘さんがそう言っているから、うちであずかるけれども、来年の大晦日《おおみそか》までに返してくれたらいい」と50両を貸したんですね。その帰り路《みち》、父親は橋の上で身投げをしようとしている男に出会う。店の集金のお金を盗られてしまって、なんともならないから死ぬという。手を放せば死んでしまう。娘が体を売ってつくった50両が懐《ふところ》にある。迷った末、50両を男にやる。

さてこの噺を聞いたあなただったら、そのとき50両をやれますか？　自分がやれるかどうかは別にして、やれる人はステキだと思いませんか？

しかしこの人は、ふだん女房子どもを泣かせている、それをどう思いますか？　50両をやったことをどう思いますか？　女房がそれを聞いて「いい加減にしろ！」という気持ちをどう思いますか？　それぞれの感情を考えると、何が正しいということがない。じゃあ、自分の子が50両やったとしたら、あなたはお子さんの行為を立派だと思いますか？

大なり小なり、人生いろいろ

立川　物語としては美しいことだが、自分の子どもには、そういうことは起きてほしくない。他人の子どもだったら、「いい子だねえ」と思う。だけど自分の子どもには、そういうふうに育ってほしくない。

物語の父親は、バクチにのめりこむような人だったからこそ、死のうとする人に50両あげられたのかもしれない。娘は女郎《じょろう》に売られるかもしれないが、この人は、いま死のうとしている。そういうふうに考える。

物語というのは、日常にないことを聴きたいからお金を払って聴きに来たりするわけですよね。日常生活では、フッーに笑って、フッーに泣いて、フッーの学校に行って、フッーに働いているのがいい、と思う。波風のない日々を送ってほしい。

しかし何事もないなんてことがあるわけない。大なり小なり、人生いろんなことが起きますよ。学校に行かないということが、なぜそんな大きなことになるのか。大きく感じるだけですよね。学校に行かないなんて人生のなかでちっぽけなことでしょう。じゃあ誰が大騒ぎをしているのかというと、大人ですよね。

――大人の見方で子どもを見ていますよね。

立川　自分の子が不登校でもないのに、不登校のことを深く考える人は、あまりいないですよね。そういうちゃんと考えていない人たちが上に立って、文科省の諮問《しもん》を受けたりして、わかったような顔をして話している。

自分がバクチや借金で苦しんでいる人は、落語なんか聴きに来ない。むしろそういう経験のない人が「いい話ね」と涙しながら聴いている。それと同じようなことが言えると思いますね。不登校のつらさなど、まるでわかっていない人が公のところで不登校を語っている。

正直言って、私もそうです。でも、こうやって考える機会を与えてもらって考えると、私も自分の子が不登校になったら、多くの親と同じようなことをするかもしれない。子どもが学校に行かなくても、自分は仕事に行かなくちゃならないですしね。だから、子どもが不登校になったとき、学校に行かせようとするのじゃなく、親として何ができるのかと考えてしまいますね。

親というのは都合がいいですよね。波風の立たないのがいいんだけど、ちょっとくらいは挫折も味わったほうがいい、一浪くらいならいいかな、とかね。あんまり順調にいくのもなんだし、とかね。

芸人も不登校も、大勢の人とはちがう生き方

——落語家や芸人というのも、もともとは世間から外れた存在だったんでしょうか。

立川　まさに、そのとおりですね。昔は農作業はみんなでやらないとできない

ですから、遊んでばかりいて協力しない人は村にいられないわけです。そういう村から外れた人が芸人になったようです。

それが200年以上の時を経て、いまやタレントだというと、「有名になれるから」と親が連れてきたりする。だから「有名になるならいいけど、誰も知らないんじゃお母さん恥ずかしいからやめてくれ」とかね（笑）。

学校に行ったほうがいい、というのと芸人なんかやらないで会社でまともに働いたほうがいい、というのは共通していますね。何が共通しているかといえば、大勢の人と同じ生き方をしたほうがいい、ということです。

私自身、大学を卒業するとき、みんなが就職するのに就職しなかったことで、とても疎外感がありました。22歳のときでさえ、疎外感があった。親に言わせれば「大学まで出したのに落語か」ということになる。自分でもそういう引け目は感じるけれども、やりたいことはやりたい。だから、小中学生で、みんなが学校に行っているのに、学校に行きたくないというのは、つらいだろうと思いますね。

これが大人だと、みんなと同じようにしない人は、ほめられたり、うらやましがられたりする。それなのに、年齢が低いだけで問題だということになる。人に迷惑をかけてもいないのにね。ですから、学校から外れた人たちが生きる制度があればいいな、と思います。

仕事で会った人で、おもしろいなと思った人は、だいたい学校を中退したりしていますよね。世間は、ある程度のところまで到達するとその人のことを認めるけれども、その過程にある人は認めようとしないんですね。

――日本では、みんなと一緒であることが求められます。

立川　人とちがうことが、なぜいけないんでしょうね？　ちがうのが悪いことではないということを、誰かが明確に言う必要があると思います。

みんなが同じ方向を向いて同じことをやっているのは、学校にかぎらないことだと思います。テレビもそうだし、笑いも画一化してきている。最初は新しかったことを、それが受けるとわかるとパターン化してしまう。いろんなことがパターン化、画一化している。

だから、もしみんなが不登校になったら、不登校がパターン化して、「なぜ学校に行くんだ？」と聞かれるようになるでしょうね（笑）。

権力に対する毒から、笑いが生まれた

――志の輔さんにとって、笑いとはなんですか。

立川　私は人に伝えたいことがあって、それをどう伝えるかと考えながら笑いをやっている。しかし笑いそのものをやっている人は、ゼロからどう笑わせるかを考える。そのためにケーキを顔にぶつけたりする。

最初は、上下関係があるなかで、下の人間が上の人間にケーキをぶつけたり、バカと言ったり、そこがおもしろかったりした。それがだんだんパターン化してしまっている。

もともとは、笑いの原点の毒というのは、権力に対する毒だったんですね。農民は侍にものを言えなかった。そこから笑いが生まれてきた。

だから、私は学校では落語はやりたくないんですね。落語というのは、建て前でがんばるんじゃなくて、そんな建て前ウソくさいよ、楽しくやろうよ、というところがある。それを生徒の前で表現してしまうのはつらい。

だけど、お笑いがなぜあるかといったら、日常の生活はイヤなことが多くて、

そのはけ口としてお笑いがあるともいえる。

疑問をもった人こそ認められていい

――その日常にもっと疑問をもってもいいですよね？

立川　全国こども電話相談室に、「どうせ死ぬのになんで勉強しなくちゃいけないの？」という質問があったと聞きましたが、この質問に答えられる人は、なかなかいないですよね。だけど、それに答えようとするんじゃなくて、その発想をした子どもを認められればいいわけです。その質問はおもしろい、とか。

それと同じで、授業がきらいだったり、学校自体に疑問をもったりする人がいても全然おかしくない。疑問をもたずに義務教育だから行くという発想でやっているかぎり、社会は変わっていかないと思います。疑問をもった人こそ認められていいはずです。

自分の学生時代を振り返ると、学校だけが社会じゃないということを教えてくれる人がいなかった。これだけ情報化社会になって、地球の裏側のアマゾンの奥のことまでテレビで放送したりしているのに、学校だけが社会じゃないということはきちんと伝わっていない。

世の中、いろんな人が生きていますよ。学校に行かない子どもがいたって当然で、むしろ、学校という道もあるというだけのことだと思います。

子どものイヤは、理屈ぬきのイヤ

――志の輔さんは親としてどんなことを感じますか。

立川　子どもをもって初めてわかったのは、子どもがイヤだと言うのは、理屈ぬきでイヤだということです。イヤな学校に行かなくちゃいけない理由は何もない。それを理屈で「行け」というのは、親である自分が楽なだけなんだと思います。

そういう話を一度、ある高校でしたときは、さすがにイヤな顔をされましたね。そういう意味で、「不登校新聞」は大切なメディアになっているのだと思いますが、不登校の人たちが読む新聞というより、価値観のちがう人たちが読む新聞というふうになればいいと思います。

――最後に一言いただけますか。

立川　世間は、なんでも、つねに一つにまとめたがるけれども、そこに疑問をもって、どうしても合わせられない人、疑問をもちながらもやれる人、なんの疑問ももたない人、と大ざっぱにいっても3種類には分けられる。一億何千万人もいるんだから、大ざっぱにいったって3種類くらいには分かれるでしょう。みんな一緒なわけがない。すべてがそこから始まればいいと思います。

MANGA 学校に行きたくないわたしの気持ち 1

私は毎日 学校には行っているが 保健室登校をしている
息が つまる…
教室には 入りたくない …
ゆら(15歳)
私の町には 中学校が 1校しかない
そのせいで メンバーは 小学校から ほとんど同じ
すでに 昔からの上下関係 みたいなものが 出来上がっていた
1軍
2軍
1軍が 教室を支配して 2軍を使って 3軍をいじめている
3軍
先生は 見て見ぬフリ…
1軍を 納得させれば 教室がうまく まとまるから

この教室では
これが普通なんだ
コイツおかしくなーい？
ゆらちゃんはどう思うー？
こんなのもうイヤだ!!
…ゴメン
私、先に帰るから
その日を境に
今度は私がイジメのターゲットになった
誰も手伝ってくれない
SNSにウザイと書き込まれたり
自分が入ってないライングループでからかわれたり…
なんで!? 私は何も間違った事してないのに

保健室
ちょっとした事で
いつまで意地を
はってるんだ
教室へ戻れ！
…先生まで
なんで理解してもらえないの!?
私の居場所なんてどこにもない
不登校新聞編集長
石井 志昂
そんなある日
母がテレビで知った不登校新聞の事を教えてくれた

勇気を出して編集長に会いたいとメールをして
東京の編集部まで行くことに
今度りゅうちぇるさんに取材するんだけどさ
よかったら一緒に来てみない？
テレビで観るりゅうちぇるさんは
赤と決めたら赤で貫き通すような
強い人のイメージ
キンチョーする…
でも実際は——
僕も貫き通してはいないよ
何度も色を変えながら
たとえ失敗しちゃってても塗り替えていってるんだ

そうか…
ひとつの場所や考え方にとらわれなくてもいいんだ
平日の学校がある日に外出するなんて
前までは考えられなかったな
あの教室の小さな世界から出たからこそ
見えたこと考えたことがたくさんある

中学校を卒業したら私立の高校へ通いたい
人も場所も変わるし新しい発見があるかも!
中学校では送れなかった学校生活が送れたらいいいな…
学校という小さな世界に生きづらさを感じてる子には自分の経験を伝えたい
その時その時に合わせて
「自分の色があればいいんだ」って

いまあなたがいるそこがすべてじゃない

春名風花

春名風花（はるな・ふうか）

2001年、神奈川県生まれ。愛称は、はるかぜちゃん。代表作は映画「みつばちマーヤの大冒険」「パシフィック・リム：アップライジング」舞台「福島三部作 第三部 2011年：語られたがる言葉たち」など。

――絵本『いじめているきみへ』を出すにあたって、こだわった点はありますか。

春名　文章で何かを伝える場合、どうしても「言語化できること」にかぎられてしまうと思うんです。でも、そこにはいろんな思いがあるし、言葉では表現しがたい空気感のようなものもあるんです。

２０１２年に僕が書いた「いじめている君へ」を読んだ人の多くは、大人だったと思います。でも、僕が話をしたいのは子どもなんです。いじめにまだ出会っていない子どもに向けて、ひとつのサンプルとして届けられたらなって。

原文を再構成する際にも、文章を短くしたり、わかりやすい単語に変えたりして、なるべく絵で見せるということにこだわりました。というのも、最初の打ち合わせの段階から「お守りみたいな本にしたい」と思っていたんです。長く持っていてもらえるように、質感にもこだわって、大切にしたくなる本を目指しました。

僕が見ているのは、その人の一部分でしかない

――絵本『いじめているきみへ』をはじめ、いじめに関するインタビュー取材でも、加害者にフォーカスし続けているのは、なぜなのでしょうか。

春名　送信機と受信機にたとえた場合、悪い情報しか発信しない送信機があったとしたら、受信機が壊れないかぎり、そのやりとりは止まらないじゃないですか。しかも、受信機が壊れたとしても、今度はそのとなりにある別の受信機に対象が移っていくだけだと思うんです。

それならば、送信機をどうにかするしかないと思います。ただし、「加害者が悪い」と、単純化してしまうのは、嫌なんです。

僕も、いろいろなバッシングをあびてきました。悪かったなって思う部分は直すように心がけているんですが、完璧に直せたと思う部分にも、あれこれ言ってくる人がいます。

「そっか、これは僕が変わっても意味がない」って思いましたね。とはいえ、それを理由に、その人のことが嫌だと線引きしてしまっていいかというと、そ

れはちがうと思います。

ツイッター上で僕のことを傷つけてくる人も、日常生活では別の顔を持っている。つまり、僕が見ているのは、その人の一部分でしかないんです。それを忘れてはいけないなって。

もちろん、いじめられた子はつらいし、痛いし、いじめた子のことを憎んでもいいと思う。でも、第三者が考えるべきは、いじめる子のことであり、送信機をどうやって止めるかという方向に向かって動けたらなって思います。

そもそも、狭い空間に30人も詰め込まれて、気の合わない子もいっぱいいるのに、そのなかで誰とでも仲よくやっていけるスキルを身につけましょうという制度自体がおかしいと思います。

いじめる子、いじめられる子、傍観《ぼうかん》している子、いじめを止められない先生のことを悪いうんぬん言う前に、制度自体は悪くないのかということです。僕は悪いと思っています。

人間関係は固定されないほうがいい

――制度の問題というと、具体的にはどういうところでしょうか。

春名　選択の自由があまりになさすぎます。義務教育は、誰もが平等に教育を受けられなくてはならないのに、ひとたびいじめが発生したら、いじめられた子は転校しなければならない状況さえ出てくる。これは平等じゃないですよ。でも、現状は柔軟に対応するのが、難しいんだと思います。

――春名さんは「義務教育にも単位制を導入してはどうか」とおっしゃっていますね。

春名　僕が単位制の高校に通っていたから、なおさらそう感じるんですが、人間関係が固定されちゃうとダメだと思っています。固定した集団のなかにずっといると、リーダーっぽいとか、いじられやすいとか、自分をキャラづけしちゃうからです。

私たちはみな生まれてきただけで、「○○キャラ」なんて気にしなくていいと思っています。そういうキャラを気にしなくてすむようにするには、人間関係が固定されず、毎日、ちがう人に会うことだと思うんです。

もちろん、学校制度はそう簡単に変えられるものじゃないし、すぐに実践できない学校もある。じゃあ、どうするか。僕は「演劇」が大事だと思っています。

ふだんの自分とは異なる立場を演じる、それは「閉鎖された空間内に、どう流動性を持たせるか」ということにつながります。ディベートの授業でもいいんですが、僕はきちんと芝居にすることに意義があると思います。

社会に出れば、人間関係を選べるようになります。きらいな人間とずっといっしょにいる必要はないし、一度つくってしまった自分のキャラを守る必要もない。むしろ、自分が参加しやすいコミュニティとは、どういう雰囲気の場なのかってことをつかむきっかけにもなると思います。

人を変えることはできないと思う

――いじめられている子に向けて、「逃げていいんだ」という声をよく聞きます。

春名　そうですね、僕は「逃げていい」とは言えません。誰かを変えるって、不可能だと思っているから。

先日、「高校生新聞」の取材を受けたとき、「有名な方がいじめについて話しているというだけで、一人じゃないと思えてうれしい」という声をいただきました。そう言っていただけるのはうれしいんですけど、一方で、僕には誰かの心を支えるなんてことはできないと思ってしまいます。

仮にそう思ったとしたら、それは君が強かった、ただそれだけのことなんだって。だから、「大丈夫だよ」とか「幸せになれるよ」なんて、軽々しく言えないなって。

でも、命を絶つことで、今後起こるはずだった誰かとの出会いや生まれるはずだったもの、それらがいっさいなくなってしまうのは、事実です。人が一人死ぬというのは、そういうことなんだろうと。

いじめられている子に向けて何か言えるとしたら、「君はたくさんの人の運命を握っていると僕は思うから、いなくなったりしないで」ということ。あとは、僕が元気なときに会いに来てくれたら、僕が喜ぶってことかな（笑）。

主語を「あなた」ではなく「僕」にする

――「私はこう思う」というアイメッセージが大事だと思われますか。

春名 それが僕のなかでは正解だと思っています。先日、バンド「それでも世界が続くなら」の篠塚将行《しのづかまさゆき》さんとお話しする機会がありました。篠塚さんの『あなたのために』は『あなたのせい』になる」という話は、まったくその通りだなって。主語を僕にしないと、「君が選んだんだよ」っていうことにつながってしまうんじゃないかと思うんです。

僕の結論は、いたってシンプルで、「いろんな人に生きていてほしい、いつか僕と出会うかもしれないから。だから、いてほしい」ということなんです。そのための選択肢はいろいろ提示する、それぐらいしかできないなって。

僕が一人ひとりに会いに行けるわけでもないし、会えたところで具体的な解決法を提示できるわけでもない。ただ、そうだとしても、「春名風花はこう思っています」と言い続けることで、ほんの少しだけ、影響を与えられるかもしれない。そこにかけるしかないって。

もちろん、僕の考えがすべて正しいわけではないから、いろんな人に会って、いろんな話を聞いて、自分だったらどれがいいかなって考えて、自分を構成していってほしいと思います。

朝起きたときに「自分はすごい」と叫んでほしい

――8月下旬から9月1日にかけては、子どもの自殺が多い時期です。春名さんなら、誰に向けて、どんなアイメッセージを発信しますか。

春名　すべての人にできることなんですけど、朝起きたときに「自分はすごい」って叫んでほしいなって思います。

最近、「エゴ」という言葉が好きなんです。「自己中心的」ではなく「自我」という意味です。自分に自信を持っていたら、いじめによって、ほかの誰かを自分より下の位置に落とし込む必要がないからです。

「自分はすごい」って考えるのは、自我を大切にすることで、自己中心的な思い込みではありません。というか、人間はみな、本当にすごいんです。だって、この地球上にたった一人しかいないんですから、絶滅危惧種です。うなぎの比じゃないですよ（笑）。君がいなくなってしまったら、君という種はなくなってしまうんだから。

ジグソーパズルにたとえるなら、いま君がいる場所には君のピースはあてはまっていないかもしれない。でも、それは、あなたに問題があるわけじゃなくて、そもそもちがうパズルなんです。ちがう場所に行けば、あなたがカチッとはまるパズルがあるはずです。

学校というガチャにははずれてしまったかもしれないけれど、そこはあなたの場所じゃない。だから、いらないんです。あなたのすごさを認められないような場所ならば、捨ててしまっていいんです。逃げるっていう言い方よりも、捨てるっていう表現が僕はいいなと思います。

あなたをいじめてくるような人は、あなたの人生にとって、大した人じゃありません。その人とこれから一生付き合っていくわけでもないから、無理してでも気にいられようと、がんばらなくていい。

いじめだけじゃなくて、つらいことはいろいろあると思う。ふと、あきらめたくなるときもあると思う。でも、いまあなたがいるそこがすべてじゃない。

人生１００年と言われる時代です。その何分の１にすぎない短い期間を、重視しすぎないでほしいなと思います。

あずまきよひこ

無理にでも頭を突っ込んでみると、
たいがいはおもしろい

あずまきよひこ

1968年、兵庫県生まれ。マンガ家。
著書に『あずまんが大王』『よつばと！』
などがある。

――なぜ私たちの取材を受けてくれたのでしょうか。

あずま　ええっと、気まぐれです（笑）。マンガ家は前に出るべきではないと思っているので、インタビューは2割ぐらいしか受けません。今回はたまたま気分がよかったので。

――私たちはラッキーですね（笑）。『よつばと！』は、5歳の女の子「よつば」の日常を描いたマンガです。なぜこういうマンガを描こうと思われたのですか。

あずま　ポンッと思いついたというより、これまでの積み重ねみたいなものでしょうかね。あなたの性格はどうしてそうなったの？　と聞かれても困るように、なにか一つの要因だけじゃない。たくさんのことが積み重なってそこにある、という感じでしょうか。そんなに深くは考えてないです。始めたときも方向性は見えてなかったですから。ただ、よつばというキャラクターを動かせばなんとかなるかな、と思いました。

想像力は信じていない

――マンガを描かれるうえでこだわりはありますか。

あずま　たくさんあるような気がするので一言では言いづらいですが、ざっくり言えば「てきとうに描かない」ということです。自分の手触りのあることを描かないとウソくさくなる。

『よつばと!』の場合、半分はドキュメンタリーなんです。ホットケーキをつくる回では実際にホットケーキをつくり、気球の話を描くときは気球を見に行く。だから、よつばがボンドを食べてしまったときはボンドも食べました（笑）。

想像力は信じていないんです。かんたんに言えば全部やってみる。ホットケーキをつくる様子なんかは、とてもかんたんですから描こうと思えば描けるんですが、『よつばと!』ではそれをやってはダメ。

自分で一度消化したものでないと描きません。ただ、8巻でお祭りに行く回がありますが、あれはお祭りを見に行ったのではなく、俺が子どものころに参加した祭りの光景です。俺が責任を持って提示できるお祭りのかたちはこうなんです、という感じで描きました。そういうふうに「てきとうに描かない」っていうのが、こだわりのひとつです。

それに関連して言えば『よつばと！』でこだわっているのが、ストーリーの排除と絵のリアルさ。ざっくり言うと、前作の『あずまんが大王』のころから、やりたいことは決まっていたんです。「生きているキャラクターが描きたい」、それが根本です。

そのためには、ときどきストーリーがジャマになるんです。ストーリーを用意して、そのストーリー上で、話を展開させる。こういうやり方をすると、キャラクターを生かしにくい。「こっちに行け」というストーリーはいらないというか、つくれないんです。

たとえばよつばみたいな5歳の子がいれば、その様子をカメラで撮っているだけでおもしろいはずなんです。だから『よつばと！』では、それを目指しました。

完全なドキュメンタリーにするつもりはないんですが、マンガっぽくは見えない、ドキュメンタリーなのかなと錯覚させるような、そういう方向を目指しています。

子どもがやっていることがなぜおもしろいのか分解する

――作中、小さい子どもにしか浮かばないような言動がありますが、子どものことをよく見られているんですか。

あずま　ダイレクトに子どものやっていることをネタに使うことはないです。俺に子どもはいないし、姪っ子はいますが、会うのは年に1～2回ですし。

ただ、子どもがやっていることを見て、なんでそういうことをしているのか、その裏にある、行動原理というか、感情というか、それがわかれば応用できます。たとえば、子どもは順序立てて話せないですよね。逆回しで話すというか、自分の記憶の近いところから話すので、いきなり結論から言うんです。

だから、まわりで聞いているほうはおもしろかったり、わけがわからなかったりする。そういうふうに、子どもがやっていることがなぜおもしろかったのか、それを分解して、その後ろのエッセンスを応用して、新しい料理をつくる。そんな感じの使い方です。

――『よつばと！』に登場するような仲のいい地域社会が失われてしまったように思います。

あずま　本当に失われたのかな、まだ地方都市に行ったら近所づきあいはあるんじゃないですか。「手触りのある物を描く」とリンクする話ですが、無責任なことを言えば、俺にとって社会情勢は知ったこっちゃないんです。

俺の知っている家族は俺の知っている家族しかいなくて、ほかの家族のことやましてや外国のことなどはニュースで見るしかない。でも、そんなものは責任を持って他人に発信できる情報量ではない。自分のわかっている範囲の世界観では、まだ『よつばと！』の世界観はアリです。

というか、近所の家に勝手に遊びに行くほどではなかったにしても、俺の実家でも近所づきあいはありました。いまでも実家に帰ると知らない子どもが遊んでいるし。

もちろん、べたべたした近所づきあいがよくて、東京は悪いという話ではないと思いますけど。田舎の密接な近所づきあいが美しいだけだとは思えないですしね。

なにもできないと思われているうちに失敗しておく

──作品は「自分を映す鏡だ」という人がいますが、あずまさんはどう思われますか。

あずま　鏡とまでは思っていませんが、作品にはマンガ家自身がなんらかのかたちで投影されるとは思っています。指紋のように消せないあとが絶対に残ってしまう。

ちょうど影絵ぐらいの感じじゃないでしょうか。影絵を見て読者や評論家は作者を推測するんですが、その推測は絶対に当たらない。実像を想像することは、ほとんど不可能だと思っています。

──あずまさんの10代、20代はどんな感じでしたか。

あずま　もし俺が若いころの自分に会ったら殴る（笑）。絵は昔から好きで、高校3年生ぐらいから同人誌などでマンガを描いてましたが、あのころのマンガは全然おもしろくない。あのレベルでマンガ家になりたいと思っていたんだから、いま出会ったら「マンガ家をなめるな！」って手が出る（笑）。

でも、大人になって気づいたのは「それが若者の特権なんだな」と。若者は基本的になめてていいし、なめてないと飛び込んでいけない。

大人は、子どもや学生や新入社員がなにもできないと思っています。だから、なにもできないと思われているうちに失敗した方がいい。昔の俺はむかつくけど、経過しなければいけなかったのかなとは思います。

「不安」も同じことです。不安がある、なんとかしないと焦る、その不安が機動力になって行動できるのも若いうちです。

大人になるとすぐには動けなくなるけど、安定感がある。不安が理由にせよ、なめているのが理由にせよ、若いうちはなんでも首を突っ込んでおけばいいんじゃないでしょうか。

うまくいかないと思ううちは進歩する余地がある

――小さいころからよくマンガを読んでいましたか。

あずま　あんまり読んでいなくて、いまのほうが読んでいます。当時、よく見てたのが『うる星やつら』とか『超時空要塞マクロス』。オタクのスタートになったのがそのあたりです。『うる星やつら』は原点です。まあ原点なだけで、高橋留美子先生とはちがう方向性に進んでいる。高橋先生は一回も原稿を落とさへんし（笑）。

――絵はどうやって学んだのでしょうか。

あずま　一応、専門学校とデザイン系の大学は出ましたが、なんにも学んではいないです。「うまくなるまで描いたらうまくなる」というものでしょう。ノウハウ本を読んだり、教えられたりしても、それはヒントにはなるけど、実際に絵がうまくなるには描くしかない。

描いて描いて「うまくいかないなあ」と思ううちは進歩する余地がある。何回トライ&エラーをくり返すか、じゃないでしょうか。それは「速い球を投げるには」という質問でも同じだと思います。

あとは単純に絵のことを考えているかどうか。いまは仕事でお腹いっぱいだけど、高校や大学生のときは、ずーっと描いてました。もちろんマンガ家には、絵は重要ではなくて、ネタを伝える手段でしかないと思っている人はいます。

でも、俺の場合は絵が勝負ポイントだから「もっとうまくならないと」とは思っています。たとえば『よつばと!』の1巻を見ると……(読み返し中)、うん、ダメだな(笑)。

絵がうまくなりたい人は、自分が描いて「うまくいった」と思う絵を机の前に貼っておく。そうすると、半年後には「これはダメだ、貼ってはいられない」と思うはずでしょう。それをくり返していけばいいんじゃないでしょうか。

考えるよりも、自分の外に求めてみる

——最後に不登校について一言いただけますか。

あずま　まあ、ないですわな(笑)。ただ言えるとするならば、俺もマンガ家

というマイノリティーな道を選んだわけです。マイノリティーな道は、それなりの不安と明確な線路がないというリスクを背負わなければいけません。そういうことは知っておいていいんじゃないでしょうか。

それと『よつばと!』を描き始めてから、明確に考えるようになったのが、「俺はなにも持っていないな」ということ。たとえば身のまわりにあるものは、ほとんどつくれない。シャーペン、机、コップ……、なにもつくれない。本屋に行ってもほとんどのジャンルはまったくわからない。

若い人も同じでしょう。子ども、学生、新入社員……、なにも持っていないし、なにもつくれない。だから俺の場合は取材に行かないとしかたがない。なにもないんだから考えたって答えは出てこない。考えるだけムダ。それよりは自分の外に求めていって、多少無理矢理にでも頭を突っ込んでみる。しばらく突っ込んでみると、たいがいはおもしろいもんです。

R-指定

コンプレックスをさらけ出した方が、楽しかった

R-指定（あーるしてい）

1991年、大阪府生まれ。2010年から14年にかけて、UMB大阪大会で5連覇、12年から14年には、UMB全国大会で史上初の3連覇を果たす。現在はヒップホップユニット「Creepy Nuts」のメンバーとして活躍する。

――どんな子ども時代を送ってきましたか。

R－指定　一言で言えば「イケてない子ども」でした（笑）。ラップをしている人は「不良っぽい」と思われるかもしれませんが、俺はまったく不良ではなかったです。とはいえ優等生だったわけでもない。

勉強はできないし、運動神経も悪いし、コミュニケーション能力も低くて、学校という世界のなかではかなり下の方の人間でした。みんなが当たり前のようにできていることが自分にはできなかった。そのことに無力感を感じて「自分にはなんもないな」と思っていました。

そんなときにふとラップを聞いたんです。それまでは俺自身も「ラップなんて自分とは無縁の世界や」と思っていました。ところがよく聞いてみると「この曲のメッセージって、不良だけに向けたものじゃないな」とわかってきたんです。俺にも「お前、そのままでいいぞ」と言ってくれているように感じました。だから、「不良じゃない俺でも、もしかしたらラップはできるかも」と思ったんです。

でも学校ではラップの話はできませんでした。なにしろ俺が中学生だった2

005年ごろって、売れているラップといえば恋愛ソングとか「親に感謝」みたいな歌ばかりで（笑）。

かっこいいと思うラップは、売上チャートにはほとんどないような状況でした。こんな状況で「俺ラップ好きやねん」と言っても、鼻で笑われるなと思った。だから家でひっそり歌詞を書いたり、ごく少数の友だちとだけで共有しあっていました。

人と同じことができないことを気にしなくなった

R-指定　転機になったのは高校2年のときに大阪・梅田のサイファー（路上でラッパーが集まりセッションをする集会）に行ったことです。そこで感じたのは「いろんな人がいるんだな」ということ。それまでは、頭のいいやつは大学に行く、やんちゃなやつは高校を卒業して働く、そんな典型的な2つの道しか頭になかったんです。

でも梅田のサイファーには中卒の人や、ひきこもりだった人や、バリバリのエリートコースを歩いているような人もいました。まったくちがう生き方をしてきた人たちが、ひとつの場所でラップをしていることに驚いたんです。

それまでは学校が自分の世界のすべてで、学校で「イケてる」「イケてない」という格差があることにずっとイラついていたんですが、学校の外の世界の人たちと出会って、「俺はすごく狭い世界にいたんやな」と思いました。

それからは、見た目とか、まわりの人と同じことができない、ということをいっさい気にしなくなりました。「俺にはラップがあるし、それを共有できる仲間がいる。それが一番楽しくて大事なことやから、別に学校ではどうでもええな」と、ある意味、開き直れたんですね。

「学校でイケてない自分」をネタにした

R－指定　俺は梅田のサイファーで「学校でイケてない自分」をネタにしてラップをしました。「俺は学校ではぜんぜんイケてない。学校で騒いでるやつらを陰で見ながら、あいつらぜんぜん面白くないやんと思ってる」と言ったら、みんな楽しんでくれて場が盛り上がったんです。こんなこと、学校では絶対に言えない。

言ったら「お前は陰キャラなんやな」と、「イケてない自分」が完全に固定されてしまう。でもサイファーでは、そういう、自分のイケてない部分をみんなが楽しんでくれる。そのことにすごく救われたんです。コンプレックスをさらけ出した方が、自分もまわりも楽しかったんですね。

俺はいろんなことに対して卑屈な考え方をしてしまうんですけど、でも歌詞を書いてみると、そのおかげで通りいっぺんではない面白い表現になったりもするんです。それに劣等感は負けん気につながります。「あいつらをなんとか見返したろ」みたいな。そんな被害妄想をぜんぶ曲やラップにして出すことによってそれが面白い表現になるんです。

だから今ではこう思います。自分にコンプレックスがあったり、劣等感があったりする人こそ、なにかを表現するのに適している、と。多くのアーティストと出会いますが、みんなコンプレックスを持っています。俺も、満たされてないからこそ、それを埋めるために表現をするという方法で今も自分を保っているんです。

勝っても負けても気持ちがよかった

――「ＭＣバトル」の全国大会で３連覇されていますね。バトルでは相手を罵倒《ばとう》したり罵倒されたりしますが、恐怖はなかったのですか。

Ｒ‐指定　初めてのバトルは高校２年のときでしたが、怖かったですよ。最初は「ステージに上がれよ」と友だちに言われたんですが、「ええわ、恥ずかしいわ」と言っていたんですよ。

でもよく考えたら、自分にはラップしかないので、「もうどう思われてもいいから、やってまえ！」と。それで最初のステージに上がったんです。そもそも人見知りなんで、人前に立つのは苦手なんですが、そのときは勢いがついたんですね。失うものなんて一切なかったから出られたのかもしれません。

そして、バトルに出ることがうれしかったですね。勝っても負けても気持ちよかったです。

なぜかというと、それまで自分は「勝負の場に立つ」という経験がなかったんです。たとえば、学校ではバスケ部に入っていたんですが、ベンチ外だったので、チームが勝っても負けてもどこか他人事でした。自分が勝ち負けの重要な部分を担うことがなかったんです。

でもバトルのときは、1対1だし、いいラップをすればお客さんが盛り上がってくれる。「俺、今、人生で初めて、主役や」と思ったんです。だから始める前はすごく怖いんですが、一度始まったら気持ちいいんですよ。

楽しいと思い続けたい

R-指定　俺にはバトルをするうえで、自分なりの決まりがあります。それは相手が誰であろうと、ビビったり、ていねいな言葉でしゃべったりすることはしない、ということです。そんなことしたらむしろ失礼なんじゃないかと思うんです。

もし自分が後輩にステージのうえで「尊敬してました」なんて言われたら、

いやですからね。逆にガンガン言って来てくれた方が楽しいと思います。だから、先輩が相手でも、「むちゃくちゃ言ったろ」と思って今でもやっています。バトルが終わったあとは、足がガクガク震えるときもありますけどね（笑）。

――ラップで一番大切にしていることはなんですか。

R－指定　自分が楽しめているかどうかですね。自分が気持ちいいかどうか。それがなかったら人にも伝わらないです。今の言い回し気持ちいいな、上手いったなと本気で思ってないと、相手には伝わらない。

ジジイになってもラップしたいし、自分が楽しいと思い続けたいし、「あいついつまでたっても楽しそうやな」と思って貰《もら》えたら本望ですね。

無職でなにもしていない1年があったからこそ

――今、不登校・ひきこもりをしている人に思うことはありますか。

R－指定　俺は不登校やひきこもりの経験はないのですが、そうなる気持ちはわかる気がします。ラップをやっている仲間のなかにも、学校に行かなかったり、うつ病を患《わずら》っていたりする人もいます。

そもそもヒップホップのルーツから言うと、1970年代の黒人の人たちが、自分たちが差別されていた状況から、社会に対してなにか見返す、一矢報《いっしむく》いるということから始まった文化だと言われています。日本人である自分も、社会やまわりの人間に対して劣等感があったから、それを逆に表現できるんじゃないか、というのがラップする一番の動機としてあるんです。

劣等感やコンプレックスに向き合ってラップにしていくことが、自分のなかではすごく大事なことです。なので、俺が作る音楽が学校や社会に対して劣等感を感じる人に響いてくれたらいいな、と思って作っています。

俺も約1年間、無職でなにもしてない時期があったんです。UMB（Ultimate MC Battle）の全国大会で2年連続で1回戦負けをしたときです。そこからの1年間がきつかった。

自分の一番の生きがいであり、自信を持っていたラップで負けてしまった。「ああ、俺はこんなもんだったんだな、終わったな」と思っていました。ふさぎ込んでしまって、週末だけ梅田に行ってラップをする以外の時間は、ひたすら映画を見たり、散歩をしたりして過ごしていました。

でも、そのころふさぎ込んで考えたアイデアや思想が、今ではものすごく役にたっています。外側から見たら「なにもしてない」って思われるんでしょうけど、そういうときに吸収したものが、今でも俺を動かしている。

カッコつけてもしかたがない

R-指定　俺がその1年間、自分と向き合って向き合って、最終的に見つけた答えは「カッコつけてもあかんな」ということです。それまでの自分はカッコつけて、クールにラップを見せようとしていました。本当はラップに情熱があるのに、ないふりをしていたんです。
でも「ちがうぞ」と。「俺にはマジでラップしかないんだから、カッコつけずに、自分の気持ちを全部正直にぶつけよう。それで負けるんだったら負けよう」と思ったんです。そして年末に、その思いを持ってUMBの全国大会に出て、初優勝したんです。

今でも「カッコつけない」は自分のスタイルです。俺はぶれることのない自分のスタイルを苦しんだ1年で見つけることができた。だから、不登校とかひきこもりで社会とあまり関わっていないときに、自分のなかで摂取したもの、自分のなかで考えたもの、それはすごく大事なことではないかと思います。

その時期になにかに打ち込んだり、打ち込むことがなければなにかを探したりできる。社会に関わらないということは、それだけ自分と向き合える時間があるということです。「学校でイケてないとだめなんじゃないか」とか「社会に出たら成功しないと」とか、そういうよけいな情報が入ってこない状況のなかで自分と向き合える、その時間こそ大切にしてほしいと思います。

ミスフィットを活かす道はある

谷川俊太郎

谷川俊太郎（たにかわ・しゅんたろう）

1931年、東京都生まれ。21歳で第1詩集『二十億光年の孤独』を刊行して以来、日本語の詩の世界の豊かさを広げてきた。詩のほかにもエッセー、絵本、童話、脚本、翻訳など幅広く作品を発表している。

――谷川さんは幼年時代をどのように過ごされましたか。

谷川　僕はひとりっ子なんですね。しかも父は大学教師で、隣近所のつきあいだとか下町風の人づきあいみたいなものがなかった。兄弟ゲンカの経験もなければ近所の子どもたちとケンカしたこともない、人とのつながりが希薄な子どもでした。

すごい母親っ子で、ほとんど母とのつながりが唯一の人間関係だったように思います。そういうふうでしたから、子どものころから、何か判断するときに友だちに相談することはなくて、いつもひとりで悩んでました。

10代のころって、「自分とは何か？」みたいなことを考えるでしょう。そのとき、ふつうだと、「いつも兄ちゃんにイジメられてムカツク」とか「うちは貧乏なのに、なんで世の中には金持ちがいるんだ？」とか、そういう社会的なことに悩むはずなのに、僕の場合は、そういうところが希薄なものだから、いきなり飛ぶんですね。

自分はここにいるんだけど、ここはどこだ？　ここは東京都杉並区だ。それは日本の中にある、日本はアジアの一部だ、アジアは地球上にあって、地球は太陽系の第3惑星で、太陽系は銀河系の一部、みたいに……。人間社会を通り越して、場所や時間と自分とのつながりを考えて、そこで自分を規定しようとしたんですね。

そういう資質は、詩を書く上ではプラスになっているけど、日常生活を送る上で必ずしもプラスではないと自覚しています（笑）。

30代になるまで親のスネをかじっていた

――お父さまとの関係はいかがでしたか。

谷川　僕は父に反抗するほど、父との縁が深くなかったんだと思います。父は、僕が生まれたとき、「猿の子にしか思えなかった」そうです。つまり人間じゃない。父とのコミュニケーションがとれるようになったのは、僕が詩を書きはじめて、それが親子のあいだで話題になってからでしたね。

詩で食べていけるようには、なかなかならなくて、30代になるころまでは父親のスネをかじっていました。父は、それを許してくれていました。そういう意味では運がいいともいえるし、逆にいえば、そこで親と劇的に対立しなかったことが、マイナスだったかもしれないですね。

――なぜ詩を書かれるようになったのですか。

谷川　僕は、詩なんてもともと興味がなかったんです。むしろ真空管ラジオをつくることなんかに興味があって、自分の組み立てたラジオから外国語の放送が流れてきたりすることに驚喜していました。

ところが友だちに文学青年が何人かいて、家によく来ていたんですね。父が文芸批評をしていたので、家には詩集なんかがあって、それを目当てに出入りしていたんです。

それで、その中の一人が、ガリ版で同人雑誌をつくるから「お前もなんか書け」と言ってきたんです。詩なんてほとんど書いたことなかったけど、試しに書いてみたら、書けたんですね。なんとなく毎日少しずつ短い詩が書けて、それがおもしろくなって、受験雑誌の投稿欄に投稿してみたら、掲載されたりして……そういうことがきっかけですかね。

詩人になるとは思っていなかった

谷川　でも、自分が詩を書いて生活するなんて考えてなかったし、詩人になりたいとも思ってなかった。熱心に詩集を読んだり、詩の歴史を勉強したりなんてこともなかったです。

なぜ詩を書くのかと聞かれたとき、かっこいい答え方があるんですよ。「なぜ詩を選んだのか？　私が詩を選んだのではない、詩が私を選んだのだ」って（笑）。

僕の場合も、結果的には自分で詩を選んだって気持ちはあんまりなくて、書いてるうちに、自分が詩を書くのに向いてる、と思うようになったんですね。そのうち、それしか能がないと思って、本腰入れて書くようになったと思います。

よく、はじめて詩集を出すまでに段ボール箱5杯分も書いたという人なんかがいるけど、僕は基本的に書きたくない人で、僕の場合、求められることにどこまで応えられるかを常に考えている気がします。

はじめて自分の書いた詩でお金をもらったとき、ふつうの商品と同じように詩がお金に換わるということに、すごくびっくりしました。それと同時に、すごく責任を感じました。

希薄な人間関係の中で、社会なんか飛び越えて書いていた詩が、お金になる。そうなると、社会での詩人の役割を考えるようになってくる。僕の場合、そこで社会との接点というか折り合いがあったように思います。

――詩を通じて、こういうことを伝えたい、ということはないのですか。

谷川　自分から進んでメッセージを詩に託したいっていうことはないですね。詩というのは、もっと複雑で矛盾に満ちたメッセージでなければ意味がないと思っています。それは、音楽が楽譜だけで成立するのではないのと同じです。詩は受け取られた人とのあいだではじめて成立すると、僕は考えています。

喜びを感じる能力は誰もがもっている

――詩の役割については、どうお考えですか。

谷川　生きるってことは仏教では「四苦八苦」というぐらいに、苦しいこと悲しいことがいっぱいありますよね。だけど、同時に喜びもたくさんあるはずなんですね。

いまの時代、金で買える快楽はいっぱいある。だけど喜びは自分で意識して手に入れられるものではなくて、いのちの源から湧いてくるものだと思います。喜びを感じる能力は誰もがもっている。だから、どんなに苦しみや悲しみがあっても、毎日繰り返しでイヤになっちゃっても、どこかで喜びっていうものを自覚したほうがいい。

ワーッと泣くと、なんか世界が広がった感じがするときってありますよね。それもまたひとつの喜び。もしかすると苦しみは生きていることの味わいのひとつなんだから、それもまた恵まれたことかもしれない。

だから芸術一般に役割があるとしたら、僕は芸術はおいしいもの、喜びを与えるもの、快楽や楽しみ以上の生きる喜びを与えるものであってほしいと思っています。

詩は、小説なんかとちがって、時間軸をばっさり切っちゃって、いまこの瞬間というものを提出するわけです。悩んでいるとき、人間は、その時間をばっさり切られてちがう断面から見ると、意外になぐさめられたり、視点をコロッと変えたりすることができる。ふだん人間は地面にくっついて生きているんだけど、詩というのは高いところから俯瞰《ふかん》できるようなところがあるように思います。

みんなで同じことをやるのがイヤだった

――谷川さんも学校と合わなかったそうですね。

谷川　小学校のころから学校とは合わなかったんですが、決定的だったのは、中学生のときに敗戦を迎えたことですね。戦争中は軍国教育だったのに、戦後から急に民主教育になって、戦時色の強い教科書に墨を塗ったりして、先生たちもコロッと変わった。その時期の子どもっていうのは、人間っていうものがよく見えていたような気がします。

当時は、好きな先生も少しはいたけど、ほとんどきらいな先生ばかりで、そういう先生にものを教わるということがイヤだったし、同じ教室にいるっていうのもイヤで、授業中、窓から逃げたりしていました。

それから、みんなで同じことをやるというのはイヤでしたね。体操みたいに「みんなで一緒にやりましょう」ってね。そういう同質、均質になってしまうのはすごくイヤだった。

いまの学校は、僕らのころよりもっと均質化を求めるようになっていて、厳しくなっているだろうから、僕はどうしても「学校に行けない」っていう人の肩をもっちゃいます。とはいっても、校歌を作詞する仕事もたくさんしているんですけどね（笑）。

校歌をつくるのに学校へ取材に行ったりすると、つい20年くらい前までは、先生が「どんな校歌がいいか」と生徒にきくと、生徒が挙手して「校歌より食堂をつくれ！」と叫んだりね（笑）、そういうエネルギーがあった。

ところがそういうのがだんだんなくなって、ものすごい型どおりのイメージしか出てこないようになった。生徒自身が保守化してきて「必ず校名は入れて下さい」とか言ったりね。校歌をつくろうと思って取材に行っているのに、学校へ行くと逆にイメージがやせちゃう。

社会とどう折り合いをつけるか

谷川　僕は学校に行かないということは、社会とどう折り合いをつけるかということでもあると思います。僕自身、ミスフィットの感覚が強かった。もし自分に詩の才能がなかったら、どうなっていたのか全然わからない。

詩が書けたから社会と折り合いをつけられたように思います。ミスフィットであることを活かす道はあって、それはどちらかといえば芸術家とか自由業の世界じゃないかと思います。

――学校に行かないで苦しんだことはありますか。

谷川　僕は自分を責めるようなことはなかったですね。なぜ学校に行けないのかなんて、まったく考えなかった。ただ、僕がふて寝してたら、母親が枕元でさめざめと泣いていたことがあって、なんか悪いかなとは思ったけど、母親が泣いているから学校に行こうなんて思いませんでしたね。なんか自己肯定が強かったんですよね。

——コンプレックスはないんでしょうか。

谷川　恵まれすぎているっていう劣等感はありますね。苦労しないでいままできたこととか、他人の感情に対して鈍感であることとか。基本的に他人を必要としていない傲慢《ごうまん》さがある。

でも、それは詩を書くということとどこかでつながっているように思います。ある冷たさがないと芸術作品は完成しない。

繰り返すことを受けいれる

——谷川さんの詩で「くりかえす」というのがありますが、繰り返しについてのお考えを聞かせてください。

谷川　僕は、繰り返しっていうのは、人間の実存の基本だと思ってます。人間は、どんな偉い人でも、どんなスターでも、基本的には、毎日の日常生活の繰り返しを生きている。それが人間の生きていく基本的なあり方ですよね。

それを壊そうとして、みんな冒険だとか恋愛だとかで、一生懸命ドラマチックに盛り上げようとしてがんばるんだけど、それも限界があって、基本的には毎日、平凡な日常を繰り返すことをちゃんと受けいれないと、人間はダメなんじゃないかと思う。

ただ、その日常を繰り返すことのつらさっていうか、キツさとか不愉快さが、時代によって影響を受けるのは確かだと思うんですね。たとえば、昔の大家族の一員だったら、繰り返しといっても、必ずそこで労働の役割があった。畑を耕したりとか、物を運んだりとか、働く喜びみたいなものが繰り返しの中にあった。

しかもみんなが一緒に祝うようなお祭りがあったり、お葬式にはみんなでお墓まで遺体を運んだり、そういう共同体の中での繰り返しには、人間は耐えられると思うんです。

だけど、孤独に生きて繰り返すっていうのはキツイですよね。そういう意味では、いまの時代は、毎日暮らすということ自体がすごくキツくなってるように思います。

僕が繰り返しを意識したのは、結婚生活をはじめてからです（笑）。妻がいると、妻と朝飯食わなきゃ、とか、子どもなんか生まれてくると、とたんにミルクの時間が決まってくるとかね……。

しようがないんですよ、繰り返すのは。だから、それを自分がどういうふうに受けいれるかってことですよね。「いつも繰り返し、でも同じ繰り返しはないんだ」っていう矛盾したことで考えていくのが一番いいんじゃないかと思います（笑）。

はぁ
はぁ
はぁ
山本龍仁郎(14)
中学3年生の頃
体調が悪く保健室へ向かう途中で倒れた
あと数分遅れていたら危なかったよ
検査の結果「アナフィラキシーショック」という症状だった
大量の薬
珍しい病気になってしまった事
いつまた病気が発症するか…
怖い…
家に引きこもる毎日

そーいえば
中学2年生の頃に
イジメにあった時も
同じように
学校へ行けなく
なったっけ…
その後
みんなは謝って
くれたけど
結局
元どおりの
友だちには
戻れなかった
僕には
仲の良い
友だちも
いない…
その上
こんな病気にまで
なっちゃって…
もう何も
できない
この先
どうなるん
だろう
どうなるん
だろう

いつ来るのかと
恐れれば
恐れるほど
病気は
ひんぱんに
発症した
学校へは
無理して
行かなくても
いいから
大丈夫？
きっと
よくなるよ
このまま
腐っていても
仕方がない
どうせなら
やりたいように
やらなきゃ!!
その頃
不登校新聞
記者募集
自分も
記者として
参加できる？
こんなのが
あるんだ

東京で
はじめての
編集会議
誰か会って
取材したい人
はいますか？
フリースタイル
ラップの
日本チャンピオン
R-指定さんだ
会いたい人
…
そんなの
決まってる
小学校から
フリースタイル
ラップが好きで
実は最近
ひとりで
練習を再開
していた
MIZUKI
DEVIL HELL
そんな
オレにとって
R-指定さんは
一番の
憧れの人
信じられない
あの
R-指定さんが
目の前に…

R-指定さんは不良でも優等生でもなくて
自分には「何もない」という劣等感からラップを始め
そして日本一になったという
ずっと遠くに感じていたR-指定さんを
なんだか近くに感じられた
これまで
同じように自分にも「何もない」と感じていた
でも違う

何もないって
いうのは絶望の言葉
なんかじゃなくて
どんなところ
からでも
スタートできるって
事なんだ
オレは今
アルバイトを
しながら
定時制高校へ
通っている
生徒会長も
やったし
仲の良い
後輩もいる
先輩
卒業したら
どうするん
ですか？
バイト代貯めて
調理の専門学校へ
行くつもり
将来は
シェフに
なりたいんだ
みんなと
同じように
オレにだって
何でも
できるんだ

庵野秀明

「ここ」じゃなければ、他のところに行こう

庵野秀明（あんの・ひであき）

1960年、山口県生まれ。監督作品に「トップをねらえ！」「エヴァンゲリオン」シリーズ、「式日《しきじつ》」「キューティーハニー」「シン・ゴジラ」など多数ある。

――どんな子供時代でしたか。

庵野　学生時代は世間でいう優等生でした。勉強もそこそこできて、毎年学級委員をやらされていました。小学校のときの勉強は好き嫌いが激しくて、好きな科目はやっていたが嫌いな授業は話も聞かなかったです。

高校は進学校にすすみ「もう勉強はいいや」と思い始めたんです。中学の頃は何かの役にたつと思っていたけど、微分積分をやる頃には「こんなこと絶対社会に出てやらない」と思いだしました。

進学校ということもあり、大学受験に向けての勉強でしかなくて、ある程度テクニックだということを感じていました。そのテクニックを身につけるための方法論が社会に出たときのためになるということが、方便にしか聞こえなかったんです。だから高校の勉強はほとんどやらなかったです。

僕が大阪芸大を選んだ理由は、学科試験がなかったからなんです。実技試験のみで入れたので、僕の主観から言うと4年制専門学校みたいな感覚でした。2年までは割と大学に行っていたんですが、3年目からは「関西SF連合」という大学のSF研究会のグループで、イベントのオープニングアニメーションを作ったり、自主制作の映画を作り始めたりしていました。そうすると学校に行っている暇がなくなっていきました。

学校に行ってもSF研究会でも、やっていることはそんなに変わりませんでした。学校ではできないようなこともできたので、学校よりも外で活動している方が面白かったです。3年のときに留年が決定して、自主制作の映画の方に力を入れていて、学校に行かないことが多くなりました。

宮崎駿監督のもとで働いた

庵野　実際に大学に行ってもいないのにお金を払うのがもったいないと思って、お金を払わないでいたら放校処分になったんです。放校処分になったあとは、宮崎駿さんのところに就職しました。運が良かったです。

宮崎さんのところではアニメーターとして「風の谷のナウシカ」の原画を描きました。アニメの師匠的存在は2人いて、宮崎駿さんと板野一郎さんなんですね。

その2人から学んだことは大きいと思っています。ものを作る姿勢にはじまり、細かいところだとレイアウトなど技術的なところを、ものすごく学んだ気がします。2人とも、ものすごく一生懸命なんです。他のことを顧《かえり》みないんです。もうそればっかりで一日18時間くらい働くということですね。

そのあとは2、3年フリーのアニメーターをして、ガイナックスに参加しました。「トップをねらえ!」という企画があったんですが、脚本がすごく良くて当時監督がいなくてもったいないと思ったんです。僕は監督には向かないと思うんですが、他に誰もいないなら自分がやってもいいかなと思って、そこから本格的に監督を始めました。

そのあとNHKの「ふしぎの海のナディア」をやるんですが、「ナディア」が終わったあと、監督として自分の中のものを全て出し切ってしまい「やれるものはもうない」という感じになりました。どの企画も「ナディア」の亜流みたいなものになってしまい、手がつけられなくなってしまっていました。

「新世紀エヴァンゲリオン」はかなり追い詰められたときの作品

庵野　だからその後の「新世紀エヴァンゲリオン」は、かなり追い詰められたときの作品だったんです。「ふしぎの海のナディア」は経済的にはあまり振るわず、アニメを作るたびに赤字になっていました。ガイナックスもアニメを作るのをやめようという話もあったんですよ。

アニメを作っているときは、その作っている作品のことしか考えてないです。世間のリアクションがくる頃には、もう作り終わっています。「エヴァンゲリオン」でそのときアニメでできることはやり尽くしたという感じがあって、「ラブ&ポップ」は実写の映画を一本撮ろうと思い作りました。

「彼氏彼女の事情」はもっと別のモチベーションがあったので、気楽に制作できました。「彼氏彼女の事情」で少女漫画もやったので、制作後はこれでいよいよアニメでできることはやり尽くしたという気持ちが強くなりました。

その後、「式日《しきじつ》」に行き着きました。「式日」はたぶん商売的には成立しない作品なんです。すごくお客さんを選ぶんですけど、そこまで行き着けたのなら、また別のところに行けるのではないかと思っています。ちょっと振り幅が大きいんですよね。壁に思いっきりぶつからないと次のところに行けないんです。僕は最近の教育がどのようになっているか知らないんですが、少なくとも僕が戦後教育を受けているときは、目的が「平均」だったんです。僕らのように壁にぶつからないと次のところへ行けないという人間のための教育やシステムは、日本にはまだないんじゃないかと思います。

メジャーなものが嫌いだった

庵野　アニメを好きになったきっかけは、テレビだと思います。当時は白黒だったんですが、テレビがどんどん普及している時期で、物心ついた頃から目の前にテレビがあって、いわゆるテレビ第一世代でした。テレビっこと名付けられた最初の子供たちです。

その頃、漫画も既に浸透していて、「巨人の星」や「アストロ球団」も流行っていました。そういう熱血ものが流行ったのは、小学校5、6年生くらいのときで、当時はスポコンものは嫌いだったんですが、数年前からはまり出しました。

とにかくその頃はメジャーなものが嫌いで、「あしたのジョー」も子供の頃はあまり好きではなかったんですが、ここ数年でようやく作者の梶原先生の心意気が見えてきました。

アニメを作るにあたって面白いのは、集団作業なので、自分一人だったらどんなに頑張っても80点しかとれないけれど、他のスタッフの人たちがミックスされたときに一種奇跡のようなことが起こることがあるんです。そういうときには200点にも300点にもなるんです。

それは望んで出るものではなくて、映画の神様やアニメの神様が、そこだけいいものをくれるような、そういう瞬間があるんです。だから映像は面白いですよ。

現場のもっている場の力みたいなものもあります。自分じゃ思いつかないようなところへ連れていってくれるんです。だからそういうところは、枠にはめたくないですね。

ご愛読ありがとうございます。

読者カード

●ご購入作品名

[　　　　　　　　　　　　　　　　　　　　　　　　　　]

●この本をどこでお知りになりましたか？

1. 書店（書店名　　　　　　　　　　　　　）　2. 新聞広告
3. ネット広告　4. その他（　　　　　　　　　　　　）

年齢　　歳　　　性別　男・女

ご職業　1.学生（大・高・中・小・その他）　2.会社員　3.公務員
4.教員　5.会社経営　6.自営業　7.主婦　8.その他（　　　）

●ご意見、ご感想などありましたら、是非お聞かせください。

●ご感想を広告等、書籍のPRに使わせていただいてもよろしいですか？

（実名で可・匿名で可・不可）

●このハガキに記載していただいたあなたの個人情報（住所・氏名・電話番号・メールアドレスなど）宛に、今後ポプラ社がご案内やアンケートのお願いをお送りさせていただいてよろしいでしょうか。なお、ご記入がない場合は「いいえ」と判断させていただきます。

（はい・いいえ）

本ハガキで取得させていただきますお客様の個人情報は、以下のガイドラインに基づいて、厳重に取り扱います。

1. お客様より収集させていただいた個人情報は、よりよい出版物、製品、サービスをつくるために編集の参考にさせていただきます。
2. お客様より収集させていただいた個人情報は、厳重に管理いたします。
3. お客様より収集させていただいた個人情報は、お客様の承諾を得た範囲を超えて使用いたしません。
4. お客様より収集させていただいた個人情報は、お客様の許可なく当社、当社関連会社以外の第三者に開示することはありません。
5. お客様から収集させていただいた情報を統計化した情報（購読者の平均年齢など）を第三者に開示することがあります。
6. はがきは、集計後速やかに断裁し、6か月を超えて保有することはありません。

●ご協力ありがとうございました。

郵便はがき

おそれいりますが切手をおはりください。

102-8519

東京都千代田区麹町4-2-6 9F

〈受取人〉

株式会社 ポプラ社

一般書編集部 行

お名前 (フリガナ)

ご住所 〒

TEL

e-mail

ご記入日 年 月 日

自分の考えに固執《こしつ》すると100以上のものが出てこない

庵野　自分の考えに固執すると100以上のものが出てこなくなるんですね。アニメや漫画のキャラクターというのは、自分以上に賢い人は絶対出てこないんですよ。自分を超えるものは作れないですね。賢いふりはできるんですが、自分以上のキャラクターは絶対出てこないです。

自分が制作しているときは、アニメのキャラクターが自分から遠い存在のような気がします。というより、近いも遠いも通り越して、なんだか頭がおかしいような状態になります。でもどこか醒《さ》めていますね。人にもよると思いますが、僕は醒めていないとたぶん作れないと思います。

でも創作活動でよく言われるのは、自分癒《いや》しです。絵を描くことによって自分のおかしくなりそうな部分を抑えてるようなパターンもあるし、ものを作るのは色々な状況があると思います。

作家の村上龍さんは「表現とは自分の中の穴を埋める作業だ」と言っていますが、あれは確かにぴったりの言葉だと思います。自分の中に穴が空いていて、ものを作っていないと、その穴が埋まらないんですよ。ただ、作っても作ってもその穴が埋まらないんで、これは深いなと思っています。

大学ぐらいから楽になってくる

庵野　自分のやりたいことをやっていくためには、社会の中で、世間の中で自分らしく生きていくためには、どうしても他人とのコミュニケーションが必要になってきます。

僕は、仕事を介するから、人と話ができると思っています。ガイナックスは面白い映像を作るという目的がある組織なんですよ。スタッフ、キャスト含め、その目的があるから自分が社会の中に入れる感じがすごくあります。

社会に出てから、そういうのは割とやりやすくなるんです。社会というのは、そういう人たちが同じフィールドに集まってくるんです。そういった意味では、大学でそういう風に分類されるので、同じことをする人間が集まりやすいですよね。

だから大学ぐらいから割と楽になりますが、小学校、中学校はたまたまその地域に住む人たちを集めているだけなので、そういうことは難しいと思います。僕は大学がガイナックスや他の仲間たちと会うきっかけになっていて、学校は最終的には仲間探しの場所だと思います。

本当に嫌なことからは逃げた方がいい

庵野　僕は運良く学校から弾《はじ》かれるということはなかったんですが、弾かれている人はやっぱりクラスにいました。僕は偽善者だったので、クラスの委員長として、自分からそういう人に声をかけていました。

そんなことをやっていましたが、本当に嫌なことからは逃げた方がいいと思いますよ。小学校、中学校というのは自分が選んだわけではなく、たまたまそこにいた人たちが集まっただけなので、そのフィールドがどうしても肌に合わないというなら、別に行かなくてもいいと思います。

学校にそれほど大事なものがあるかと言われると、やっぱり友達ぐらいしかないと思うんですよ。友達と巡り会えないというのは、運悪くその学年の中に自分に合う人がいなかったというだけの話です。そこから出て、隣の校区だったら、すごい親友ができるかもしれない。それくらいの事だと思います。

学校というのは、社会に出るための雛形《ひながた》みたいな部分と、あとやっぱりコミュニケーション作りの場だと思うんですよ。社会に出ても、やっぱりいじめとかはあるので、そういった部分は一生ついてくると思うんですね。

そういうところから逃げる権利はあると思うんです。本当に嫌なら逃げた方がいいです。逃げるというよりは、戦略的撤退という方がいいですね。逃亡よりは転進です。

やっぱり自分の好きなように生きた方がいい

庵野　だから不登校そのものに関しては、別にいいと思います。その人が行きたくないなら、別に無理して行かなくてもいいと思います。ただ引きこもるのはどうかなと思います。ここじゃないのなら、他に行く、でいいと思うんです。

ひょっとしたらそこは日本じゃないかもしれないし、国とかにこだわる必要もないと思います。

僕はたまたまこういう仕事をしていて、わがままが通る場所にいるんですよね。わがままを聞いてくれる人がいるから、わがままが言えるんです。聞いてくれる人がいないと、ただのわがままな奴になってしまうんです。

聞いてくれる人がいるからこそ、自分らしくみたいな雰囲気が出せるんだと思います。監督でいるからこそ、わがままな部分が多少世の中の役にたっているような気がするんです。

今から会社員をやろうとしても無理でしょうね。一度きりの人生なんだから、自分の好きなことをやった方がいい。生まれてから死ぬまでの間は自分にしかない時間ですから、なるべく自分の好きなように生きた方がいいと思います。

自信は他人からもらおう

宇多丸

宇多丸（うたまる）

1969年、東京都生まれ。ラッパー、ラジオパーソナリティ。1989年、ヒップホップグループ「RHYMESTER《ライムスター》」を結成。日本ヒップホップの黎明期《れいめいき》からシーンを牽引《けんいん》している。またライターとしても活躍している。

——宇多丸さんの学生時代はどんな感じでしたか。

宇多丸　小中学生のときは、とにかく学校が窮屈《きゅうくつ》でしかたなかったです。クラスや部活の人間関係がきつかったんです。

逆に高校生になると、人間関係が一気に開放されました。高校時代の友人たちは、映画が好きな子だったり、音楽グループ・YMOが好きな子だったり、クラスは別だけど、文化的な趣味でつながった人たちでした。

なんというか「クラス」というシステムは理不尽だと思います。一つの箱のなかに強制的に人を集めてコミュニケーションさせるなんて、バカみたいじゃないですか。単一のチャンネルしかないなかで濃い人間関係があると、ろくなことにならない。みんながストレスを抱えてしまいます。

逆にゆるく広く、いっぱいチャンネルを持っていると楽です。音楽の話はこの友だち、映画の話はこの友だち、というふうに。さらに学校の外にも友だちが増えれば「学校」という単位すら関係なくなる。

そうなるとクラスや部活の同調圧力なんて、心底バカバカしくなりますよ。「いや、別におまえらに付き合わなくてもいいんで」と。そういうふうに気が楽になってからは、学校そのものにこだわりがなくなりました。

「俺にはできる」となぜ思ったのか、ぜんぜんわからない

――ラッパーとして音楽を通して自己表現されていますが、自分をさらけだして表現をする、というのは怖いことでもあると思います。なぜ、自己表現をしようと思ったのですか。

宇多丸　それが僕にもわからないんです。僕の場合は、大学のサークルで出し物をしなきゃいけなくなって、そのときに「ラップやります」と言ったのが最初です。でもなぜそのとき「俺にはできる」と思ったのか、ぜんぜんわからない。

知り合いのアーティストたちにも「なんで始めたの？」と聞いてみたことがあるんです。みんな「始めてみたらおもしろくて」とか「ひっこみがつかなくなって」とか言うんですが、「じゃあその最初の一歩はなぜできたの？」とさらに聞いていくと、結局みんな「わからない」という答えに行きつくんです。「なんかわからないけどやれると思った」とか「なんかわからないけどやっち

やってた」と。

おっしゃるとおり、表現することは怖いし、もっと言えば恥ずかしいです。でも表現する人には、最初の一歩に「理不尽なジャンプ」がある。そんなジャンプを自分でもわからないうちにしちゃっているかどうかが、表現する人としない人の差なのかもしれないですね。

大切なのは根拠なき自信

宇多丸　ただ、最初のジャンプをするにあたって、自分の背中を押してくれる「見えない手」はあるのかもしれない。大学生のときの僕のように、根拠もなく「俺はやれる」と思わせてくれるものです。

それはこれまでの経験のなかで得てきたものが大きいんだろうと思います。とくに大事だと思うのが親ですね。小さいころから、親に「根拠のない自信」を与えられてきたかどうか。逆に「あんたになんか無理」「できるわけない」と言われ続けると、最初のジャンプをするのは難しくなると思います。

――最初の一歩を踏み出したあともたいへんだと思います。自分よりもうまいラッパーがたくさんいて、自信をなくすようなことはなかったんですか。

宇多丸　正直に言うと、当時「もっとうまい奴」は国内にはいなかったね（笑）。でも僕らはアメリカのヒップホップを目指していたから、その理想に自分が達していないという自覚は相当ありました。

でも、自信がなくなっても続けていればなんとかなっていくものです。「自信」というものについて、僕には理論があるんです。

まず「自信がある状態」には2種類あり、「根拠のない自信」と「根拠のある自信」があります。それから「自信がない状態」にも、それぞれ根拠のある場合とない場合の2種類あると思っているんです（左図参照）。

僕の場合、まず音楽をはじめた瞬間は「自信アリ、根拠ナシ」の状態でした。実績ゼロなのになぜか自信だけはあった。でも、いざやってみると自分がまったくできない、という現実が見えてしまう。自信はガーンといったん底をつきます。その状態が「自信ナシ、根拠アリ」です。実績が出てないという、自分のダメさの根拠があるわけです。

●宇多丸式「自信と根拠」の図

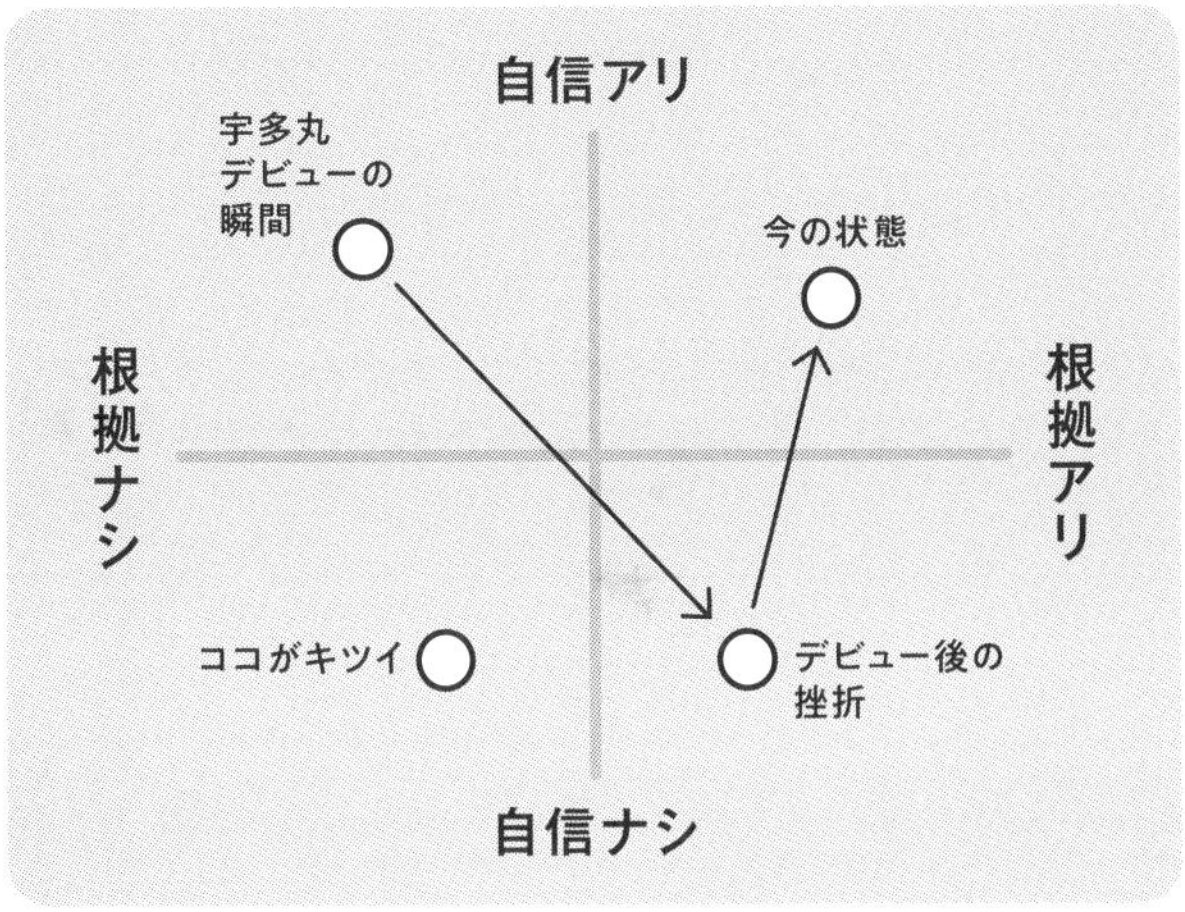

とにかくやり続けることが大事

宇多丸　しかしそれでも「1回やってみた」おかげで、ほんの少しは実績ができます。1曲つくったとか1回ライブをやったとか。そうやって実績を積み重ねていくと、時間はかかりますが「自信ナシ、根拠アリ」の状態から、少しずつ「自信アリ、根拠アリ」の状態に変わっていくんです。とにかくやり続けることが大事なんです。

今の僕は音楽を始めた直後のような自信はありません。自分はラップがうまくないと思っている。だけど、つくってきた曲だったり、売れた枚数だったり、ライブに来てくれたお客さんの数などは、否定しようとしてもできない事実です。そうした実績の足跡があるから「自分にはその程度は実力がある」と思っている。それが「自信アリ、根拠アリ」の状態なんです。

いちばんキツイだろうなと思うのは「自信ナシ、根拠ナシ」の状態です。客観的な評価がないのに「自分はダメだ」と決めつけてしまっている場合ですね。「自信アリ、根拠ナシ」の状態にいる人は、いずれ現実にぶつかって挫折したとしても、そこから学ぶことができる。

でも「自信ナシ、根拠ナシ」の状態にいる人は「やるのが怖い」「どうせダメだ」と、最初の一歩を踏み出すことができない。そうすると、失敗から学ぶことができないんです。

——自分自身も含めて、不登校経験者には「自信ナシ、根拠ナシ」の状態にいる人が多いと思います。

宇多丸　どうやって自信を持つか、は大問題ですね。先ほども言ったように、本当は親が、子どもが小さいころに自信を与えてあげなきゃいけないんです。

ただ、それが得られないまま大人になったとしても、親以外の人からもらえばいいとは思います。たとえば恋人がいれば、自分を肯定してもらえる。でも、そうかんたんに恋人がつくれたら苦労しないですよね。

自分を肯定してくれる人がどこにもいない、という場合は、もうギリギリの回答になってしまうけど「最悪、犬飼え」というのはどうですか（笑）。犬はすごいですよ。飼い主の存在を１００パーセント喜んでくれる。無条件にこちらを肯定してくれますよ。

自信が持てないのは、あなたのせいではない

宇多丸　それから、考えが悪い方向に行くときは、たいてい睡眠不足のときです。落ち込んでても、ゆっくり寝て起きたら、ケロッとしている場合はけっこうあります。だから無責任にバカなこと言わせてもらえれば「犬飼って、寝ろ」です（笑）。

それから、キツイ思いをしている人はいっぱいいると思うけど「あなたが自

信を持てないのはあなたのせいではまったくないんだ」というのも伝えたいですね。あなたを充分に肯定してこなかった親やまわりの大人が悪いんです。恋人でも犬でもなんでもいいから、なんとかして「私、そこまで捨てたもんじゃないな」って思えるようになるといいですね。

――最後に、不登校の子を持つ親御さんにメッセージをいただけますか。

宇多丸　さぞかしご心配でしょうが、たかだか学校に行かないだけなので、なんていうか、気長に、お子さんを信頼してあげてください、という感じですね。子どもが1日中、家でゴロゴロしていれば、ケツをたたきたくなる気持ちもわかります。けれど、親は子どもに「根拠のない自信」をつけてあげられる数少ない存在なんです。「親が甘やかさないで誰が甘やかすんだ」と思います。

自分の「心」を大切にする

田房永子

田房永子（たぶさ・えいこ）

1978年、東京都生まれ。漫画家・ライター。著書に『母がしんどい』『キレる私をやめたい』『「男の子の育て方」を真剣に考えてたら夫とのセックスが週3回になりました』などがある。

撮影：矢部朱希子

——お母さんとの関係から聞かせていただけますか。

田房　自分の全てが「母の世界」に回収される関係でした。習い事や受験など勝手に決めてやらされるのもそうだし、服も母が選んだものしか着られない。納得できる説明は一切なし。

私は抗議する子どもでしたが、必ず「あなたのためだから」と言われて、ひどい時には「あなたがこうしたいと望んでた」とすり替えられることもたくさんありました。そうやって「母の世界」におさまりよく押し込まれながら、「お前がイヤな気持ちになっているのはお前自身のせい」というメッセージも植え付けられるんですね。

一番イヤだったのは高校生のころ、校内の有志参加の旅行に行くと友だちと決めたのに、母の謎の理論で無理矢理やめさせられたことですね。友だちが旅行の話をしているのを横で聞いているのがつらかったです。

父は「われ関せず」でした。私と母がケンカした時は自室から出てこない。私が少し大人びたことをするとすかさず茶化される、というのも日常的にありました。当時はそんなこと知りませんでしたが、母側に悪意はない、ということも含めてこれはハラスメントの加害者の典型的な言動なんですよね。

自己紹介で「尊敬する人は母」と書く人がいることにビックリしました。私はどう考えても母を尊敬していない。できない自分に悩んでいたんです。成人してもなお、「母の世界」に回収しようと母の暴走はハードになっていき、私にとって母は「何をしでかすか分からない人」になりました。

20代になって家を出てからも、頭のなかではいつも無意識に母のことを考えていました。外からはふつうに見えても、脳内は母に侵略されていましたね。うちの母はおかしい、と思いながらも、そんな母との関係が苦しいのは自分のせいだとずっと思っていました。

親と連絡を取るのをやめた

――なにが転機になりましたか。

田房　29歳で結婚した時、父と母がタッグを組んで私を責めてきたことです。それまでは母と私のもめ事であり、父はメンバーとして入っていませんでした。

だけど二人がかりで「母の世界」に私を入れようとしてきたんですね。私には常に「一人っ子の私がいかに母を満足させるか」という視点しかなかったので、両親VS私の2対1になった時、一気に自分の中の「家族」がガラガラ崩れました。

ずっと母から「お前が悪い」と言われてきて、今度は父も加わって「お前が悪い」と言われて、初めて「私ってそんなに悪いのか？」と思ったんです。両親は私が悪いと言うけど、私は私を悪いと思えない。その意識が生まれた瞬間が、「母の世界」から脱する一歩だったと思います。親の言うことを聞いていたら自分の人生がめちゃくちゃになる、聞かなくていいんだ、と気づいて連絡を取るのをやめたんです。

そして「過干渉」という言葉に出会い、まさにうちの親だと思いました。同時に、私が悪いんじゃなくて、親の過干渉が問題なんだと分かり、少し楽になれましたね。

でも自分が当事者だと認めるのは、最初はすごく抵抗がありました。うちはふつうじゃないと思いながらも、まともな親だと思いたいという相反《あいはん》する気持ちがあったんです。その後、親との関係で苦しんでいる人が集まる場に参加するようになると、徐々に吹っ切れていきました。私の両親は社会的には問題のない善良な人たちですが、娘の私への接し方には問題があった。そう思えるようになりました。

もう一つ、25歳から漫画の仕事をしていたんですが、それも大きかったと思います。母と元彼から「お前はなにやってもダメだ。一人では生きていけない」と長年にわたり言われていたので、そう思い込んでいたんです。

でも漫画家になりたいという夢があきらめきれなくて、しがみつく感じで漫画でお金をもらい始めてからやっと、一人でも生きていけると思えた気がします。自分がやりたいことをやることで、回復していったのかな。

――「毒親」という言葉がありますが、田房さんの著書『母がしんどい』ではまったく使われていません。何か思うところがあったのでしょうか。

田房　私は母からなんでもかんでも「お前が悪い」でおさめられてきたので、母と自分がひとつの個体という感じで、悪いことは自分のせい、いいことは母のおかげ、という思考回路から抜け出せなかったんです。

でも「毒親」という言葉を知って、「私にとって毒になる部分のある親」と捉えていいんだ、と親と自分を切り離して考えることができました。そうやって子ども自身が自分のために、親と自分を切り離して考えて自己を回復させる言葉としては、「毒親」は威力がある言葉だと思うんですね。

だけど親に対して「お前は毒親だ」とか第三者に「あなたの親は毒親だよ」という使い方をするのは暴力的だと思います。そういう使い方をしてしまうと、せっかく脱しようとしているハラスメント関係の当事者に戻ってしまいます。

だから読者に向かって、自分の母を「毒親」と呼ぶのはちがうと思い、著書のなかには出しませんでした。

「毒親」のメディアでの使われ方は問題があると思っています。たとえば「あなたは毒親予備軍かも!?」とか、子どもを持つ人の不安を煽《あお》る言葉として使われるのは疑問ですね。

家を出るのが一番手っ取り早い

——親から逃げるにはどうすればいいんでしょうか。

田房　家を出たり、連絡を取らないようにしたり、できる限り関わらないのが一番手っ取り早いと思います。

——親との関係で困っている知人は何かしら理由をつけて家から離れないんです。親の毒が強ければ強いほど、子どもも親の愛情を強く求めてしまい、離れられない、ということがあると思います。そういう人たちはどうしたらいいんでしょうか。

田房　そうですね、やっぱり離れられない時っていうのは仕方が無いので、そのままでいいと思います。周りから何を言われても、分からなかったり、分かっていてもできないということもあるので、それはそれでいいと思います。家を出られないとか親と離れられないというのはあくまで「状況」です。「状況」は「心」で変化させることができます。

「心」は自分の感情とか、自分だけの聖域のような部分です。親の世界の住人として育てられるというのは、この「心」の部分と自分が切り離されるということなんです。誰にも侵害されない聖域が自分にもあるということを知らされず、そもそもそんなものは無いと思い込むように促されてきたわけです。だから大人になっても自分の「心」が本当はどう思っているのか自分でもいまいち分からなくて、親のほうが勢いが強いから、親の世界から出るきっかけがない状態なんですね。

「心」が何を思っているのか、つまり自分が本当は何を望んでいるのかを分かってあげると、自分と「心」の信頼関係を強化できます。すると意外な「状況」が起こったりします。

まずはイヤだなーとか、最悪だーとか、その時に感じる気持ちをちゃんと味わう習慣をつけるのが大切。同時に「これは楽しい」とか「これはうれしい、好き」とかの感情もしっかり味わう。誤魔化さず、見ないことにせず、その時その時じっくり味わいます。

そしてちょっとずつでもいいので「心」が思っていることに「状況」を合わせるように意識します。本格的に「イヤ」「好き」のエネルギーが蓄積されてきた頃には、「これはイヤ！　こうしたい！」と自分を軸にした行動を起こすパワーになります。

——家を出て一人で暮らすのはまだ怖いんですが、親とは距離を取りたいんです。

田房　住んでいる場所を変えるというのは簡単なことではないですよね。私も社会人になって実家に住んでいる時期、母と顔を合わせると母のペースに一気に巻き込まれるので、なるべく顔を合わせないようにしてたのですが、「同居している誰かを避ける」というのはものすごいストレスでした。

親からもらったものを捨ててみる

田房　私は一人暮らしを始めても、なんだか一緒に暮らしているような居心地の悪さがありました。キッチンの戸棚に、母が無理矢理くれた大量のシャンプーや洗剤をぶち込んでいたのですが、ある日、そこから母の怨念《おんねん》が出てきているんだ！　と気づきました。

他の人にとっては単なるシャンプーでも、私にとっては「母からもらった」

というだけで紫色の煙が出ているような不気味さを感じてしまうんですね。ウワーッ！　となってその時一気にそれを捨てたら、ものすごくスッキリしてビックリしました。それで母がくれた服や小物を片っ端から捨ててみたら、本当にスーッとしたんです。

これは今思えば、「心」が思っていることに「状況」を合わせたということです。周りの人からは「シャンプー助かるじゃん。ありがたいじゃん。使えばいいじゃん。いいお母さんじゃん」って言われるんですね。だから捨てられないんです。

でも使おうとなんて思えないくらい、「心」は嫌がっているわけです。イヤな人からもらったものを捨てるというのは、世間やお母さんよりも自分の「心」を優先して大切にしてあげるという行為なんです。なので、親からもらったものは捨てちゃいましょう（笑）。実家から引っ越しができなくても、「捨てる」なら可能な範囲でできます。

――田房さんにはお子さんがいらっしゃいますが、どうして「子どもを産もう」と思えたんですか。「私も毒親になっちゃうんじゃないか」と思いませんでしたか。

田房　子どもをいつか産むというのは私にとって当たり前だったので、産まない選択はほとんど考えたことがありませんでした。結婚式の次の日に妊娠してることが分かった時は、親との問題に気づいていたので、「生まれるまでの10カ月の間に治療して、母に似ているところを治そう！」と思って精神科に行きました。

「あなたには問題ないから自信を持って産みなさい」と言われてホッとしました。今思えば「治そう」としたのは「治せばなんとかなるはずだ。母よりはまともな子育てができるはず」というへんな自信があったんでしょうね（笑）。それでも女の子を1対1で育てるのは恐ろしくて、男の子か双子でありますようにって祈ってました。

結局、流産して、それから娘を出産するまで4年経ったんですけど、女の子って分かった時すごくうれしくて、そんな自分に驚きました。たぶん4年の間に母をある程度、恨みきれたからじゃないかと思います。

赤ちゃんの世話は2日で慣れる

――自分に子どもが生まれたとして、わが子を愛せる自信がどうしても持てないんです。

田房　そうなんですね。それはどうしてなのかなーと自分の「心」に聞いてみるといいかもしれないですね。

赤ちゃんの世話って、意外と大変じゃないですよ。無理だって思っても、なぜか2日で慣れる。

むしろ私にとって大変だったのは、「お母さんはこうあるべき」っていう世間の目ですね。「母乳を出さなきゃいけない」とか、謎のルールがいっぱいあって、それに合わせるのが大変。

日本は育児や出産、教育に関しての優先順位がものすごく低いと思います。けっこう昔からずっと、日本は政府と国民が「保護者として機能していない親と子ども」のような関係になっています。政府が「国民の安全や命を第一に動く」ということができていない機能不全状態に陥っていると思います。

特に出産や育児、教育について政府が力を入れているようには感じられません。本来、政府が担うべき負担を母親や父親、保育士や教師が負うというシステムになってるんですね。

親の代わりに長女や長男が働いて弟妹の生活費をやりくりしたり、面倒を見ているという感じです。そういった背景が必然的に母親や教師が「ラクをする」ことを許さない社会を作り上げていて、そのしわ寄せは子どもたちに向かいます。

親が仕事で理不尽な目に遭っていたり、ちゃんと心身を休められない毎日を過ごしていると、子どもを愛する、優しくする余裕は持てません。暴力もそりゃ発生します。親が自分に優しくできて余裕を持てると、自然と子どもをかわいく思える。

だけど、この子育てしにくい社会で個人的に余裕を持つ努力をするのは限界があります。社会を変えるアプローチもしていかないと、自分の子どもを愛す自信を持つ人が増えないなと思っています。

――ご自身が母親になられて、気をつけていることはありますか。

田房　そもそも親は子どもにとって権力者で支配者で独裁者でハラスメントの加害者なんですよね。だから「自分で『毒』をセーブできてる」とか思えてたら、そっちのほうがヤバいなと思います。

子どもを言いなりにしたり支配したりするのは、親にとってはものすごくチョロいです。そうしたほうがラクな瞬間というのが日常の中に無数にあります。そしてナチュラルにやってしまっている時もあります。

それは親からしたらちょっとしたことだったりするんですが、子どものほうからするとものすごくショックだったり悲しみを感じることだったりする。だけど権力者は絶対なので、子どもはいつものように明るく振る舞ったり、問題があることを無意識に隠したりします。

だから自分は子どもと絶対に対等になれない圧倒的な力を持っている側なんだ、という自覚を持って、自分のすることが子どもから見たらどうだろうと考えるようにしています。そしてフォローを常に忘れないように心がけるしかできないですね。それでもぜんぜんちゃんとはできてないと思います。

あと、子どもに過干渉にならないようにするには、自分の人生を楽しむ以外ない。

自分が母のことですごく弱ったけど、親を捨てて回復したっていうのがあるから、子どもも自分の力で回復してくれるだろうという妙な自信もあります。あと「毒親」って思うのは子どもだから、私が心配することじゃないとも思うようになりました。

MANGA 学校に行きたくないわたしの気持ち３

一人っ子の私は昔から神経質で集団行動も苦手だった
田中つぐみ（小１）
学校へ行きたくなかったら行かなくてもいいんだよ
母親は人一倍心配性
その後母のすすめで
週に何度かフリースクールに通うことに
楽しいけど…
なんだか疲れる…
数学１
そして母の希望で通信制の高校へ
つぐみこれで大丈夫よ
自分だけじゃ何も分からない

お母さんがやったものをうつして提出しただけの3年間
こんなの何の意味があるんだろう…
たまに友だちと遊びに行った時も
ねぇ つぐみちゃん
じっ…
今日もお父さんついてきてるね
……
またきっとお母さんに頼まれて…
このままじゃ…
ひとりじゃ何もできない人間になっちゃう

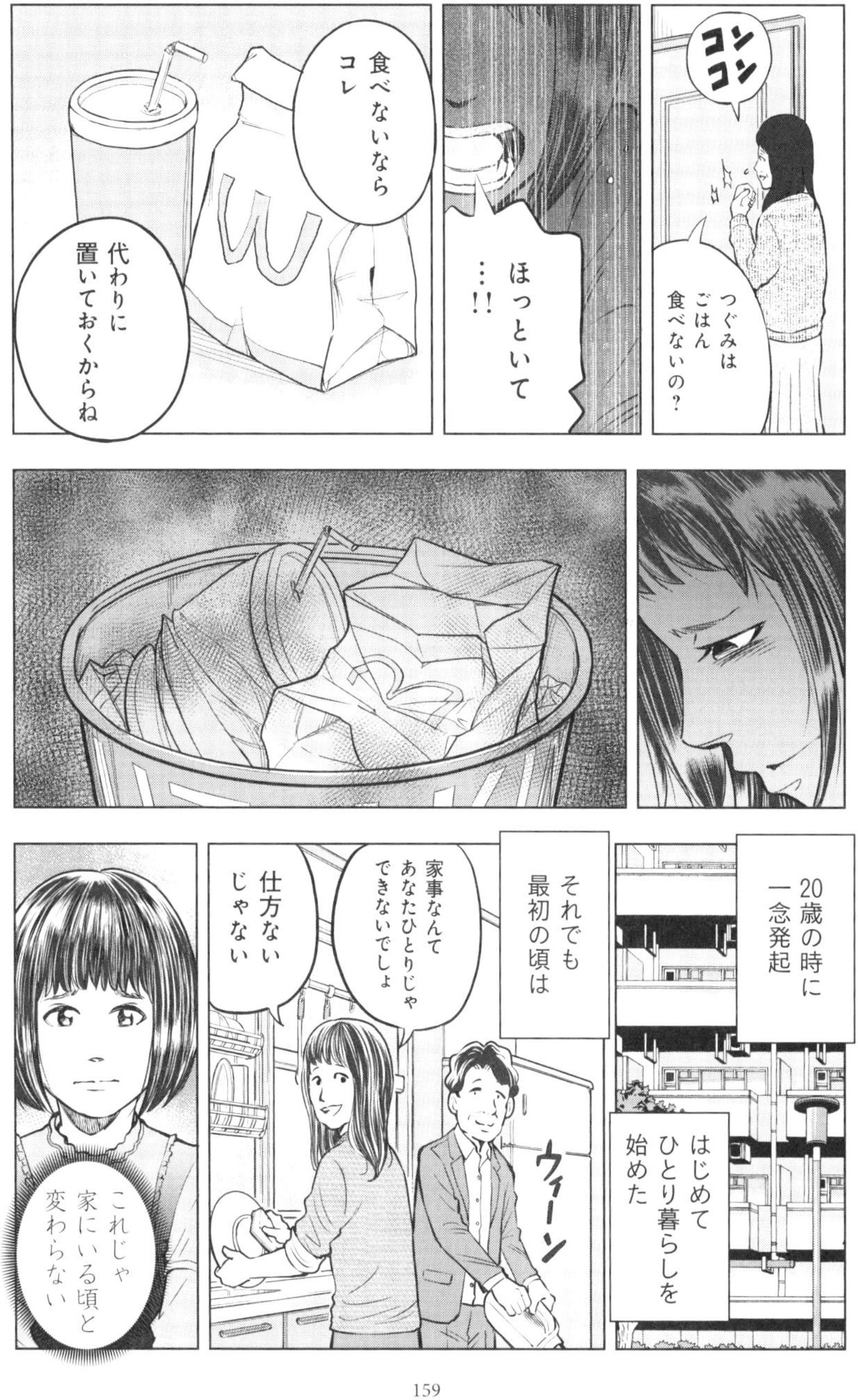
コンコン
つぐみは ごはん 食べないの？
ほっといて…!!
食べないなら コレ
代わりに 置いておくからね
20歳の時に 一念発起
はじめて ひとり暮らしを 始めた
それでも 最初の頃は
家事なんて あなたひとりじゃ できないでしょ
仕方ない じゃない
ウィーーン
これじゃ 家にいる頃と 変わらない

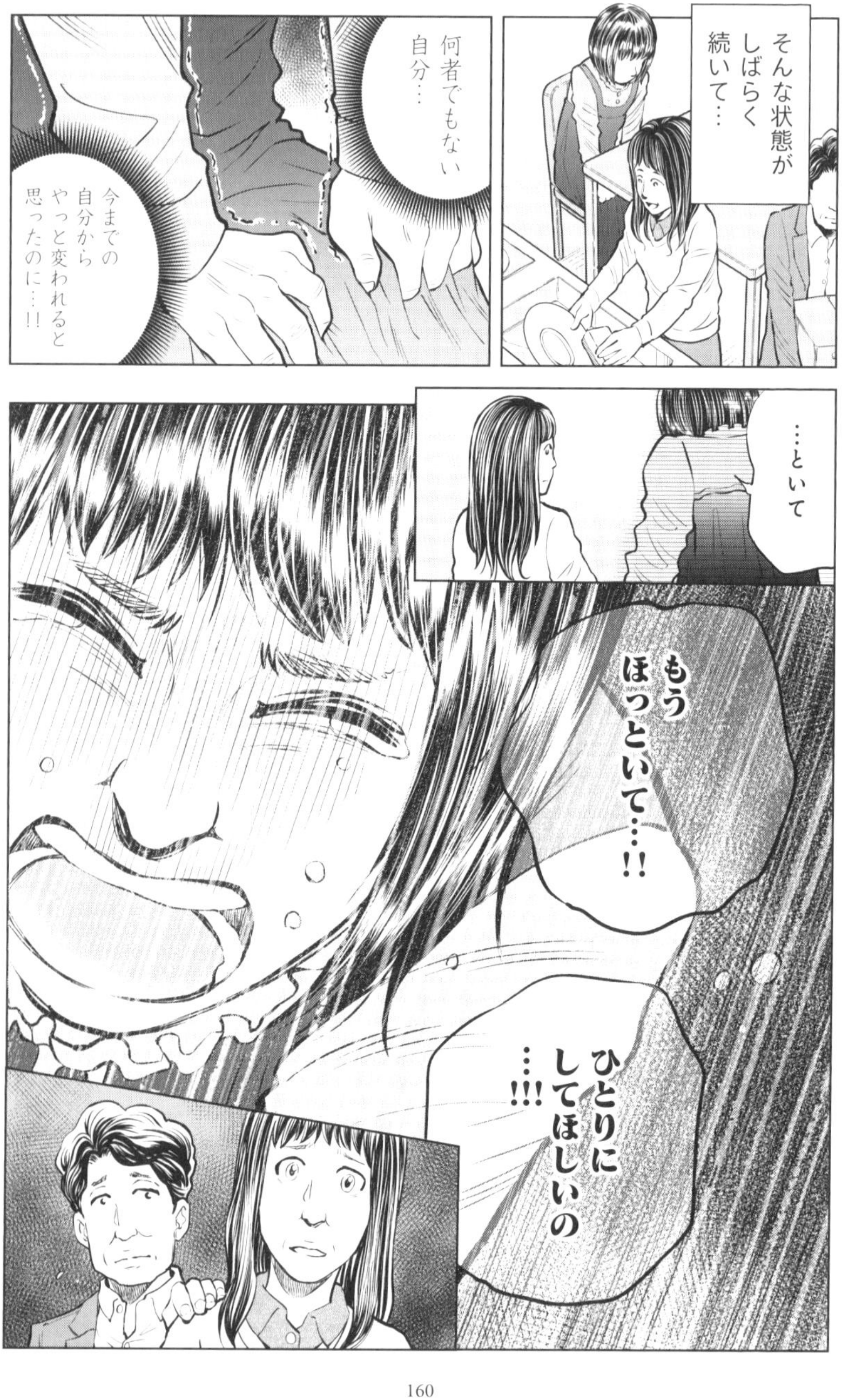
そんな状態がしばらく続いて…
何者でもない自分…
今までの自分からやっと変われると思ったのに…!!
…といて
もうほっといて…!!
ひとりにしてほしいの…!!!

そして私はようやく本当の意味で自由を手にした
書店ではじめてのアルバイトも
お探しの本はあちらです
仕事は大変だったけどやりがいがあって楽しかった
人と関わるのって…
こんなに楽しかったんだ
また来てねー
昔の私から
少しは変われたのかな？
ふと17歳の頃に参加した不登校新聞の取材を思い出した
特に印象に残っているのは漫画家の田房永子さんの話
どうしたら親離れできるか？

親が
選んだもの
その中で
自分の趣味で
ないものを
ひとつ
捨ててみたら？
私の
親離れの
キッカケも
そうだった
親は親
私は私
人として
合うか合わないか
だけなんだ
ダメな大人もいる
私もダメなところが
たくさんある
今日は私が
ごちそうするよ
自分が
できることを
していったら
いいんだ

「のほほん」と生きていきたい

大槻ケンヂ

大槻ケンヂ（おおつき・けんぢ）

1966年、東京都生まれ。「筋肉少女帯」を結成し、1988年にメジャーデビュー。テレビ・ラジオ・書籍と各メディアにて活躍する。1994年、『くるぐる使い』で日本SF大会日本短編部門「星雲賞」を受賞。

——子供時代はどんな感じでしたか。

大槻　小学生のときは、運動のできないひょうきんものだった。太っててね。中学になって背が伸びて痩せたんだけど、今度は内向的になってしまった。人と接するのが苦手になって、高校になると、どんどん暗くなっていった。

そのころは「オタク」という言葉はなかったけれど、「ネクラ」という言葉があって、俺は明らかに「ネクラ」タイプだった。教室でも、授業なんかまったく聞いてなくてボーッとしていた。一日中鉛筆をカッターで削っていた。

——学校はどうでしたか。

大槻　まったく楽しくなかった。俺は不登校ができなかったんだと思うな。気が弱くて、親ともめるのが面倒くさくて、親と会話するのもイヤで。親ともめるくらいなら、だらだら学校に行って一日中ボーッとしていたほうがいいか、という感じだったかな。惰性で中学・高校には行っていましたね。

——音楽はいつから始められましたか。

大槻　小学校くらいから興味があって、本当はマンガに興味があったんだけど、マンガはすごく時間がかかる上に、ハイリスク・ノーリターンで一生懸命描《か》いても、友達数人しか読んでくれない。これじゃダメだなと思って、楽器が質屋で安く手に入ったので、友達とバンドを始めた。それが中2のときです。

就職して社会に出るのがおっかなかった

――その後はどうされたんですか。

大槻　俺は2浪しているのね。大学にぜんぶ落ちたんだけど、就職して社会に出るのがおっかなくて、絶対サラリーマンみたいにはなれないと思っていた。

とりあえず専門学校に行ったんだけど、すごく大変で、そこもやめて、ブラブラして。結局、2浪して大学に入ったものの、大学の勉強はまったくわからなかった。だから、2年目からは、まったく行ってなかった。

だけど、バンド活動はしていたのね。そのころ、ちょうどバンドブームで、数合わせみたいな感じで、非常に軽いノリでレコード会社から声がかかった。どうしようかと思ったんだけど、就職はしたくないし、大学にも行ってないし、親になんて言おうと思っていたところだったから、バンドでデビューすると言えば、親も納得するだろうと思って、契約しちゃった（笑）。

――バンドでプロになろうと思ってやっていたわけではないのですか。

大槻 俺が高校生のときは、ロックバンドでデビューするなんてことはあり得ないことだった。今は商売になっているけど、ロックバンドなんてものは、日本のビジネスにはなかった。

ロックバンドをやるということは、人生を棒に振ることだったのね。だから、そんなことはあり得ないと思っていた。ところが時代が変わって、ロックバンドでもデビューできるような、そういう過渡期にいたんですね。

とにかく勉強もイヤだったし、バイトをしても3日でクビになったりしていたし、会社勤めもゼッタイ無理だし、体は弱いし根性もないから肉体労働なんてできないし、将来どうなるんだろうと真剣に悩んでいた。

ちょうどそのころは、ビニ本とかアダルトビデオがカウンターカルチャーとして、すごくカッコイイものに見えた時期だった。俺らの世代というのは、はじめてアダルトビデオを見た世代だったのね。これはどれほど衝撃だったか！ペリーの黒船みたいなものでさ。だって動くんだもん。

その前だとポルノ映画とかがそうですよね。才能があるかどうかわからない、だけど、映画をやりたいという人たちが、いきなり映画会社に行っても何もやらせてもらえないから、エロ映画を撮って、そこで面白いもん撮ってやろうとか、エロ雑誌でムチャクチャ面白いものを書いてやろうとか、そういうパワーがあった。

そういう人たちが、メジャーになって大御所の作家になったり、雑誌社をつくったりしている。そういうふうに、表現したい人がエロ産業にまず行くというのが、表現者の道としてあった。俺はそれかな、と思っていた。

価値観にゼッタイの基準はない

――大槻さんが変わったきっかけはなんだと思われますか。

大槻　ガーンというきっかけは特になかったんだけど、物事を正面から見ないで、いつも斜めから見ていたから、学校では先生からいやがられていた。理屈っぽくてね。自分なりの理屈がある。

高校の卒業文集には、パリで殺人して人肉を食べた佐川一政《いっせい》のことを書いていたり、中学生のときは、すべての生徒はみんな集団殺人をするペンギンである、とか書いていた。画一化されて強制されることへの反抗を、そういうことにたとえて書いていた。イヤなやつだよね。

そのきっかけになったかなと思うのは、小学校2年生のときに読んだ『デビルマン』ですね。アーマゲドンで神がこの世を消しに来て、それに対して悪魔が闘うという物語なんだけど、最終回で主人公の不動明《ふどうあきら》の体が半分に切れて死んじゃうんですね。

ヒーローが死んでしまうというのが、子ども心にものすごくショックだった。世の中の善と呼ばれているものが悪であったり、悪と呼ばれるものが善であったり、価値観というものは、時代、民族、国家とかによって変わるものであって、ゼッタイの基準はないのだということを、『デビルマン』によって叩き込まれてしまったんですね。だから、教師に何か言われても、それは先生の価値観であって、俺の価値観はちがう、ということを言っていた。

たとえば、高校時代にパーマをかけたら、おばあちゃんパーマになったんだ

（笑）。それを教師に注意されたときも、「悪法もまた法なり」とか言って反抗したりしていた。

中学・高校時代が一番暗かった

大槻　自我の目覚めは早かった。「われ思う、故にわれあり」というのがすごく早かった。周りの人間がすごくバカに見えて、だけど学校に行くと、運動もできないし、勉強もできない。それでどんどん内に閉じこもっていって、中学・高校時代が一番暗かったですね。高校も偏差値の高い所じゃなくて、そうすると、それだけで先の人生が見えたといわれちゃうような感じでしたしね。

――どんなものに影響を受けましたか。

大槻　中学・高校で内向的になって暗くなっていて、自分を否定していて、とにかく学校にいるあいだは、自分は死んだも同然と思ってボーッとしていた。でも、知識欲はあった。それだったら学校終わってから勉強しようと思って、映画を見に行ったりしていた。

名画座というのが都内にいっぱいあって、映画を見てまわったり、古本屋さんに行ったりしていた。それと、深夜放送を聴いていましたね。だから、学校では寝るしかない。学校から帰ってくると、テレビで「西部警察」の再放送を見たりね。そういうことの繰り返しでしたね。

学校では役に立たなかった知識や技術が重宝される

――大槻さんは、音楽だけじゃなくて、いろんな活動をされていますね。

大槻　まず、俺は根本的に音楽の人間じゃないからでしょうね。もともと音楽をやりたいというより、何かを表現したいという気持ちがあって、それがたまたま音楽で当たったたというような感じなんですかね。

音楽は正直言ってわからない。本が好きだったから、本も書いてみたいなと思ったし、いろいろ言っているうちになんとなくこなせてしまった。器用貧乏というやつですかね。

不思議なのは、学校に行っているあいだは、大槻というのは何もできない奴だったんだけど、学校では役に立たなかった知識とか技術が、大人になって社会に出たら妙に重宝がられている。不思議だと思いますね。

――売れると思っていましたか。

大槻　デビューしたころは、売れるなんてことは想像していなかった。こうやれば売れるかなと思っても、それで本当に売れるなんて思っていなかった。

いまは逆に、本当に何をやっても商業主義が中心で、面白い曲を作ろうというより、スポンサーが気に入る曲、売れる曲、キャッチーでわかりやすい曲を作ってくれと言われちゃうから、売るということには嫌気がさしてきています。

自分で動いているというより、周りにどんどん動かされてしまう。「誰が支配しているんだ、これは」って思ってね。音楽をやっていて、ぜんぜん自由ではなくなってしまう。

書くというのは個人的で地味な作業

――書くという表現について感じていることはありますか。

大槻　小学校のころから本を読むのが好きだったから、自分の本が本屋さんに並ぶというのはメチャクチャうれしかったですね。図書館に行ったら「大槻ケンヂ」という名前の書かれたプレートが著名な作家とともに棚においてあったときもうれしかったですね。

書くこと自体は、作業が地味でね。図書館に行って書いているんですが、受験生とかの横で、400字詰めの原稿用紙に書いていると、「何をやってるんだ俺は」と思うときもありますね。

文章も、ずっと書いていると、書くスピードは速くなるけど、読み返すと似た内容を書いていたり、文章が同じになっていたりする。そういうときは人のエッセイを読んで勉強して書いたりしていますね。文章で影響されたのは、椎名誠さんとかですね。

そのころ、「昭和軽薄体《しょうわけいはくたい》」といって、話し言葉で、軽い文体で、深いことから浅いことまでを書いていくというエッセイが確立されていったんですね。そのあとは中島らもさんのエッセイにも影響されましたね。

自分はこんな作品を出したいと思っても、仕事やお金の都合でどんどん自分の作品が変わっていってしまうのは、きついですね。だけど、書くことは個人作業だからね。

俺も自分でバンド作ったんだけど、バンドは共同作業で、俺は共同作業が苦手だから、だんだん居場所がなくなってきて、バンドを脱退しちゃったこともある。自分の作ったものから、自分の居場所がなくなっていくのは悲しいですね。

「のほほん」となりたい

――「のほほん」ということをよく言っておられますね。

大槻　これは難しいですね。のほほんというのは、禅の境地みたいなもので、自分が悟っているのさえわからないような状態。禅宗の書物で「十牛図《じゅうぎゅうず》」というものがありますが、これは最後は何もない絵になっていて、牛がいたことさえ忘れている状態。こういうふうには、人間そうはなれるものじゃないですよね。なりたいですけどね。

俺は、物事をすべて悪く考える悲観的な人間で、いつも死とかに結びつけて考えて、自分でも疲れる性格だった。もっとのほほんと生きたいなと思っていた。

それで、のほほん、のほほんと口にするようになりました。いつの間にか「のほほん茶」なんて出てきやがって、本当は俺が言い出したのに、なんて言っているうちは悟っていないんでしょうね。

みうらじゅん

好きなことをいっぱいやろう

みうらじゅん

1958年、京都府生まれ。1980年、武蔵野美術大学在学中にマンガ家デビュー。現在は、イラストレーターなど、幅広く活躍する。1997年に「マイブーム」で新語・流行語大賞を受賞。著書に『人生エロエロ』『「ない仕事」の作り方』など多数ある。

——みうらさんのマイブームは、いつから始まったんですか。

みうら　小学生のころは、怪獣ブームだった。僕も熱中してたけど、それはあくまでも世の中的なブームでもあって、僕は僕なりのブームを見つけたかった。それで小4のとき、仏像にシフトしたんです。

そのころ、僕は京都に住んでいて、自称「街の歴史家」のおじいちゃんがいたんですね。そのおじいちゃんと一緒に仏像を見てまわっていました。特に初期は、異形の密教仏にグッときて、怪獣の異形とダブらせてました。

たくさん仏像に関する本も買っていたんですが、その記述のまちがいを探すのが好きになって（笑）。一度、まちがいを指摘して出版社に手紙を出したら、便せんセットが編集部から送られてきてね。それに味をしめて、そんなことばっかりやってました。

怪獣以降は、世の中で流行っているブームはあまり好きになれませんでしたね。友だちと話をしても合わない。弘法大師《こうぼうだいし》のマネをしても当然受けませんもんね（笑）。昔から、みんなとはズレてました。

仏教業界に入ろうと思って、仏教系の中学校に行ったんです。その中学に来ている人は、家がお寺の息子もいてね、すぐに友だちになりました。だって、拝観料払わなくてもお寺に入れてくれるんですから（笑）。

オリジナルなものを作りたかった

みうら　絵を描くのは好きだったけど、学校で喜んでもらえるような絵じゃなかった。学校で喜ばれる絵というのは、基本、上手に描けた絵でしょ。

あるとき、女の子の下敷きにミッキーとか有名キャラを上手に描いてモテてた奴がいたんです。羨ましかったんで僕も描けるとウソついて「ケロリくん」というオリジナルのキャラを描いて戻したら、「（下敷きを）買い替えてきて」って言われてショックでしたね（笑）。

――高校生のときはいかがでしたか。

みうら　高校に入ってからは、自称、シンガー・ソングライターブームでしたね。1日4曲も作っていた時期もあり、卒業するまでに350曲ぐらい作ってしまいました。

学園祭で初ステージを踏んだんですが、オリジナルって誰も知らない歌ですからね。途中で物を投げられて、演奏できなくなってしまったんですよ（笑）。

中高生のときにモテなくてよかった

みうら　まともでニュートラルな人生で、グレる理由もなし、頭がいいわけでもなし、それがずっとコンプレックスで、悩んでいました。

社会のこともよく知らないけど、ロックはやっぱ反体制じゃないといけないかなって思って歌を作ってたんです。そりゃ受けるはずはないですよね。特に女子には（笑）。

でも、そのころモテなかったことは、今になってよかったなと思ってます。中学・高校のころにモテた奴の話って、聞かされてもおもしろくないでしょ。マイナスな話、むちゃくちゃオナニーしたとか、かつてコンプレックスに思っていたことこそが、今になっておもしろいですからね。

若いころってのは大概マジメですからね。大人になるっていうのは、徐々に不真面目になることです。だから、学校に行きたくないなんてのもマジメな考えだと思いますよ。一応学校に行っておきゃいいやと思ってる人より。

若いころは、「何のために？」とかマジメに考えがちですけど、何かのために人間は生きてるわけじゃない。だったら、自分なりに考えたおもしろいことで楽しく暇を潰すのが一番だと思うんですよね。

自分の好きなことだったら、やっていける

みうら　僕の場合、親がうまく子育てをしてたなと思ってます。僕が何かを始めたときに一度も「ダメ」って言わなかったんですね。

子どものころ絵が上手じゃないのに「将来、マンガ家になりたい」って言ったら、「なれると思うで」とサラッと言われてね。逆に僕の方が「世の中そんなに甘くない」と思ったもんです。

だけど、自分の好きなことだったら、失敗してもいいじゃないですか。好きなことやってんだしと思うと、キツくならない。

――不安はありませんでしたか。

みうら　できないことは、あんまり好きじゃないせいだと思ってましたから、とりあえず好きになるところから始めます。

不安は今でもありますが、なんとかなると思ってます。大学生のころから、マンガを出版社に持ち込んで、なかなか載せてもらえなかったときも、まだ描くことが好きになってないんだなと思ってましたし。

「まともコンプレックス」が武器になってきた

みうら　大学生のときは、女装ブームでね。よく女装して学校に通ってたんですが、あるとき、電車の中でチカンにあったんです。なにか中途半端でニュートラルな人生から一歩外れた気がしてうれしかったですね（笑）。

いい歳になっても、髪の毛をのばして、サングラスかけているのは、「まともコンプレックス」への反逆の証です。まともコンプレックスがある内は、自分とずっと戦えますからね。

非常識なことをわざとするためには、常識を知ってないとダメでしょ。常識が分かった上でやる非常識がエンターテインメントですから。

マンガ家としてデビューして10年くらい経ったころ、世間的なブーム、バンドブームに乗ってみたんです。だって、ようやく素人がオリジナル曲を歌ってキャーキャー言われていましたから。

今だ！　と思って、自分もバンドを組んでテレビに出たんです。そうしたら、急にキャーキャー言われてね。ようやく長年の夢が叶いました。

分かってくれる人だけに分かってもらえるものじゃおもしろくない。エンターテインメントには、笑ってもらえる要素もなきゃ。それを構成するのが僕の仕事だと思います。

――最後にメッセージをお願いします。

みうら　不登校してるってことは時間あるでしょう。その時間で、好きなことをいっぱいやったらいいと思いますね。

できることを
ひとつずつ続けていく

糸井重里

糸井重里（いとい・しげさと）

1948年、群馬県生まれ。「ほぼ日刊イトイ新聞」主宰。株式会社ほぼ日代表取締役社長。1971年にコピーライターとしてデビュー。著書に『思えば、孤独は美しい。』『他人だったのに。』など多数ある。

――10代のころはどのように過ごされましたか。

糸井　学校は好きだった。学校が好きというよりは、行けば友だちがいるじゃない。いろんなタイプの友だちがいたんで、それ全部がおもしろかったんですよ。

中2ぐらいから、下宿をしている友だちの家に集まって、だらだらしてましたね（笑）。出前取ったら、下宿している子のお母さんに、「子どもが出前取るなんて生意気だ、食べに行きなさい」って言われた。あっ、そりゃそうだなって思って、時間もあるんだしさ。わざわざ持ってこさせる必要ないじゃない（笑）。

そういうところは、わりに素直で、そうだよな、オレたちが出前取るなんて生意気だよなとか思ったりするような、ハンパな子でしたね（笑）。信念がないんだよな。勉強はできなかったけど、おもしろかったよ。

自分の場がほしかった

――ほぼ日刊イトイ新聞（以下、ほぼ日）を立ち上げられたきっかけはなんですか。

糸井　自分で好きなこと書いていてられるってのは、こんな楽しいことかって思ったの。友だちとムダ話をしているのをずっと続けていられる感じ。メディアを自分で立ち上げちゃったわけだからね。

でも、つまんないと読んでくれないし、まちがったことを言えば誰か怒るし、いいこと書けばそれがうつるからね。うつっちゃった人のメールを読んで、僕がじーんときたりして、励まされたりね。

インターネットがあったのは大きかったけど、一番のきっかけは自分の場がほしかったのね。オレと同じことをお前らもできるぜ、って言えるしね。小さいサイズでもできること、ムダに大きくしたってしょうがないってところがある。そういうことがわかって、じゃあ、自分の幸せってなんだろって考えるのが、一番健康ですよね。

解き放ってしまう喜びみたいなのを、自分で感じる。その次はマナーがほしくなる。自由どうしだと絶対ぶつかり合う。ケーキの分け合いみたいな感じが、しょっちゅうある。そのとき、ジャンケンにするのか、切った人が後で取るのか、今度はシステムを考えたくなる。そこで、知性というものが急に必要になる。

両方が納得できるルールなんて、できるとはかぎらないけど、そこは人間が一番頭を使う場所なんじゃないの。やっていかないと矛盾も見えてこないし、自分がどうダメかも見えてこないし、いい部分も見えてこないし、もがきはじめちゃう。そんな感じでやっている。楽しいよね、やっぱり。くたびれるけど。

表現は武器だし、下品なことでもある

――表現することについてどう思われますか。

糸井　一番上品な生き方って、起きて、元気にご飯食べて、へらへら笑って、畑を耕して、酒飲んで、寝る、ですよ。そういう人がある意味では僕の理想。

ものをつくったり、書いたりして、こっちのほうがいいだろ、とかっていうのは、あんまり品のいい行為じゃない気がする。

誰しも自分のなかにストレスがあったり、傷があったりする。そこを埋めるために、僕は表現していくことが得意だった。それでやってるんだったら、できるだけ人様に迷惑をかけずに、みんなが元気になるようにしたい。人の足を引っ張ったりするために、表現を使ったりしてないでしょ。やっぱり表現って武器だし、下品なことなんだし、そこでの身分はわきまえたほうがいいなっていう気持ちがある。

——学校についてはどう思われますか。

糸井　学校はつくられたものだよね。つくられたからあるものと、もともとあるものの区別をつけるといいんですよ。つまり、思春期になってムラムラするのは、つくられたものじゃないよね。でもムラムラする人のためにつくられたお店は、誰かによってつくられたものだよね。

たとえば、自然のなかには直線ってないんですよ。自然では、ぜんぶがバラッバラッの形のまま、自然として受けとめられている。ほとんど直線とか真円って人間がつくったものですよね。

そうすると、どこまでがつくったもので、最初につくった人がなんでつくったのかって考えられるよね。システムも目には見えないけど、なんであるんだろうとかさ。

それによく考えたら、先祖をたどっていけば、みんな一緒なんだよね。人間ならまだしも、石まで先祖が一緒だもんな。気が遠くなるよ。そうすると、どうでも良くなる。

まっ、あんまり考えるとちょっと頭がおかしくなるからね。人生短いから、それだけやってると楽しくない。せっかく生きていく人生をどう使うか、配分だと思うんですよ。

栄養バランスを考えて飯を食いましょうっていっても、計算していくうちに、おいしくなくなるじゃない。そんなときは幻想のなかに飛び込んでいって、泳げばいいんだよね。


――いじめについてはいかがですか。

糸井　人間が一番いいオモチャなんですよね。いじめの何がおもしろいかって言ったら、いやがるってことも含めて、インパクトがある。だから、頭の悪い子だと暴力を使って、針でチクチクしてたら、腫れちゃったぞ、みたいな。

それの延長で、コンクリートづめにしちゃったりね。虫をいじめるのと同じでね。人間は反応がいろいろだから、インパクトが絶えずある。バリエーションがあるからソフトとして、きっと一番おもしろいんでしょうね。

そういう、冷たい見方をいったんした上で考えないと、伝わらない。今の話をしてから、いじめることの何がおもしろいんだって言わなきゃ。そこから、次の話がはじまる。次の話にいかないものって、解決しない。今みたいに話していけば、最終的に「あんまり、カッコよくないよね」って話がある。頭のなかが貧乏なヤツがやることだ、っていうのが結論ですよね。

絶対的な常識に挑んでみる

――不登校についてはいかがですか。

糸井　不登校の子が、意地張って、何かつくるっていうのができると、おもしろいだろうなって思うの。

たとえば、バカにされている人たちが、すごいものをつくっちゃうと、まわりの価値が全部壊れるじゃない。しれっと、内緒でやっちゃうぐらいの感覚で、急にある日、都庁みたいなビルが建っていたら、ビックリするじゃない。そんなような効果があると思うんだよ。不登校っていう広場が、凱旋門《がいせんもん》みたいになるね。オレは見栄っ張りだからそっちに行くよ。

――不登校がオアシスになっちゃうのはイヤですけどね。

糸井 そうだよね。水飲み場じゃつまらない。ビル・ゲイツみたいに、前の時代の一番大きなもの、絶対的な常識に、勝てっこないと思わずに挑む。それで、勝っちゃえばいいんだよ。勝ち負けって、目的ではなくてもゲームとしては沸くよね。

ようしやるぞ、みたいなのって楽しいじゃない。そういう何かがあったら、また変わっていくと思うんですよ。

――最後に一言いただけますか。

糸井 自分たちが何をできるかって言ったら、残念ながら、今のところ、努力することと勉強することだったりするんだよ。これ、シャクなんだけど。

自分には何ができるだろうって、できることを一個ずつ、道つけていったり、また引き返したりする。何がどこまでできるのかっていうのを続けていく。

30歳になってやっとやることがわかったなっていうのもいい。オレは45歳だったからね。

MANGA 学校に行きたくないわたしの気持ち 4

11歳
崖っぷちで
迎えた
中学受験
この試験の
結果次第で
人生が決まる
しかし
不合格
不合格
第6志望まで
まさかの
不合格
不合格
不合格
不合格
不合格
もう
僕の人生は
ここで
終わってしまった
仕方なく
別の中学へ
そんな
日々の中
近所の
店で
万引きが
相次いでいる
その件に
ついての
アンケートだ

生徒相談室
黙ってちゃ分からんだろなんとか言え!!
僕も疑いをかけられ友人たちと一緒に尋問された
なんで!?
お前が万引きやったのか!?
どうして生徒を信じて守ろうとしてくれないのだろう
生徒を人間だと思ってないのかな？
母さんもう学校には行きたくない
行きたくないんだ…

登校しないと
最初は気持ちが
楽になるが
数日経つと…
このままじゃダメだ
なんとかしないと!!
いつになったら学校へ行くの?
口には出さないけどきっと両親だってそう思っているはず
子どもなら学校へ行ってあたり前なのに
僕はそんな事さえできない人間になってしまった
その頃一冊の本と出会った
○○書店
学校は必要か
子どもの育つ場を求めて
奥地圭子
その本でフリースクールの事を知り思い切って訪れてみることに

同じように学校へ行ってない人がこんなにたくさん
僕だけじゃないんだ
学校や塾行って勉強する事だけが
すべてじゃなかったのかもしれない
国語
わくわく算
そんな中ある集まりで
今度創刊した不登校新聞で
不登校新聞
ボランティアスタッフとして働かない？
石井くんが会いたい人に会って話を聞いてそれを記事にすればいいよ
そんな事ができるのか
だったら僕が知りたい事はひとつ

学校へ行けない人は
その先どうやって生きればいいのでしょう？
1人目は大槻ケンヂさん
俺も学校では死んだも同然だった
ダメダメだったよだから大丈夫
2人目はイラストレーターのみうらじゅんさん
不登校でもいいいい趣味を極めればいいよ
学校へ行かないならその時間にめいいっぱい好きな事をすればいいい
3人目は「ほぼ日」の糸井重里さん
楽しそうにしていればいい
それでいいんだよ

この先どう生きていったらいいのか
大人たちの答えは違っていた
生き方に正解なんてない
正解なんてないんだ
ある取材の後
ついに決心した
あの…
不登校新聞の
正式な社員にしてください
結局学校には行けないままだったが
石井くんこの記事お願いー
あ、はい
それでも就職する事ができた
それがとても嬉しかった

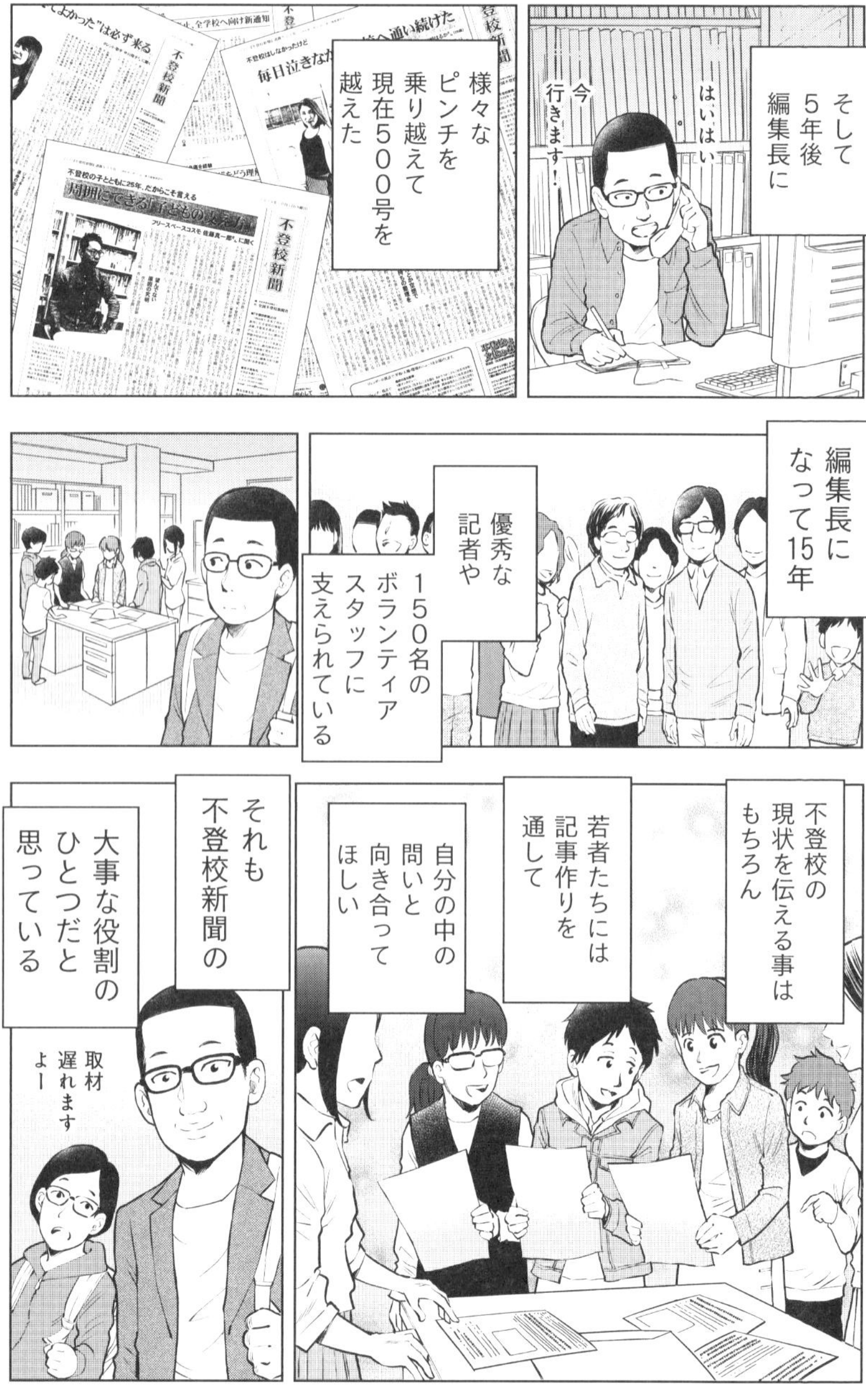
そして5年後編集長に
はいはい
今行きます！
様々なピンチを乗り越えて現在500号を越えた
編集長になって15年
優秀な記者や
150名のボランティアスタッフに支えられている
不登校の現状を伝える事はもちろん
若者たちには記事作りを通して
自分の中の問いと向き合ってほしい
それも不登校新聞の
大事な役割のひとつだと思っている
取材遅れますよー

3割の共感があればいい

坂上忍

坂上忍（さかがみ・しのぶ）

1967年、東京都生まれ。子役としてデビューし、テレビドラマや映画、舞台などで活躍。2009年に子役育成のプロダクションを設立。近年では、バラエティ番組の司会も務める。著書に『かけひきする勇気』など多数ある。

――どうしたら坂上さんのようなぶれない人になれるのでしょうか。

坂上　僕みたいな人にならないほうがいいと思いますけど（笑）。持って生まれた性格もあるけど、僕の場合はそもそも、少数派だったんだろうね。

分かりやすく言うと、うちのおやじが野球ファンで、僕らが子供の頃は巨人というチームの人気が一番あった。おやじは巨人ファンだったんだけど、兄貴と強いチームを応援するってどうなんだろうって話したことがあって。

勝つ確率が高いところを応援するということは、好きなチームが勝つ喜びを得る確率も高いわけですが、それってよく分からないなと思った。当時一番弱かったのはヤクルトというチームだったので、じゃあ僕はヤクルト応援するから、兄貴は大洋ホエールズ（現横浜ＤｅＮＡベイスターズ）ねと言い、いまだに僕らはそのチームを応援している。

根本がひねくれてるんですよ。多数派ではない気質を持ってしまっている部分がある。とはいえ、20歳を超えて、世間から大人として見られる年齢になったときに、まわりに合わせようと努力はしました。

まわりに合わせようとしても、面白くない

坂上　お芝居やバラエティは、共同作業であり、一人ではできないから、もめごとをそんなに起こしちゃいけないだろう、あんまり自分の意見を強く主張し続けるのはどうなんだろう、と思った時期があった。

我慢しながら合わせよう、合わせようとしてた時期があったけれども、そうしていると面白くない。そもそもお芝居って、役を頂くわけじゃないですか。役ってある意味、僕じゃない。でも僕が演じることによって違う血が通っていくと思う。

僕よりも先に役って人格があるにもかかわらず、自分も意見を言わないで言われたことだけやっていくと、こなす作業だけになってしまう。これって摩擦は起きないいんだろうけど、やりがいってどこに見つけたらいいいんだろうなと悩んだ時期があった。

それでやっぱり、思ったことをある程度やらないとだめだと思って、言うようにした。でも若いときは、言い方を知らないから、言い方の問題で摩擦が生

じていくわけ。でも、そのおかげで言い方を覚えるようになる。
この言い方じゃだめなんだとか、本心を伝えるためには、二つくらい段階を踏んでから、最終的なことを言うようにしたほうがいいんだというのが、なんとなく分かるようになる。ただそれでもいまだに分かんないからね。答えはないから。

――子供たちも、クラスカーストと呼ばれる中で、自分の役を演じていかなければいけない。日々つまらなくて、しかも役から外れるといじめを受けるかもしれない環境の中で、揺らぎたくないと思う子が多いのかなと思います。

坂上　テレビで僕が思ったことを言っているのを見て、芯がある人だなと思ってくれたのかもしれないですけども、やっぱり、バラエティもお芝居と同じで共同作業なので、手っ取り早く言うと、合っていようが間違っていようが、自分の思ったことはズバッと言うことによって、まわりの人をいなすというのはあると思います。

主役も脇役も経験してみることが大事

坂上　例えば、クラスに30人いたとして、全員が、言いたいことを言っていたら収拾がつかない。流されるというのではなくて、合わせる人がいる。これは大事なことだと思う。ちゃんと思うことを言う人、まとめるのがうまい人、合わせる人、いろんなキャラクターがいて、クラスの中の社会も成立している部分はある。

だからこそ、僕が先生であったら、それぞれの人たちが主役になれる場所を作ってあげる。僕は、子役のスクールをやっているけれども、どんな役でも「はいはいはいはい」と積極的にできる子もいれば、できない子もいっぱいいる。

配役するときに、積極的な子をメインに置くのは簡単です。だけど消極的な子をメインに置いたときに、積極的な子は、俺が俺がだけではなくて、ちゃんとサポートできるようになりますか、ということ。それが大事なんです。

消極的な子は、いつも合わせていて、そのおかげでバランスが取れているときもあるけども、でもそればっかりでいいですかって。両方を経験して、自分の意見というものが出てくるのではないですか。だったら恥ずかしいかもしれないけど、これをやってみてくださいと伝える。主役の大変さが分かるわけじゃないですか。

だから導いてくれる人がうまいことバランスよく経験させてくれるといいですよね。経験がやはり一番ですから。

芯が強い人なんてそうそういない

坂上　生放送の場合、生なんだ生なんだと思っていると、やっぱり口が重くなってしまう。そういうときは、どのタイミングでもいいから、自分が思ったことをどばっと言ってみる。

40歳を過ぎても、そういうことを、生放送という場で覚えていく。ときに人を傷付けてしまったり、不快にさせてしまったりすることもあるかもしれないけども、そのときはちゃんと謝ればいい。

芯が強い人なんてそうそういないよ。テレビに出てる人も、気が小さい人の方が多いですよ。僕もとても小さいですよ。僕の場合は、気が小さいときと気が強いときの差が激しすぎる。それが難点。

——私は将来、女優になりたいんです。以前は劇団に所属していたこともあるのですが、一年ほど前に、祖父が亡くなってから、統合失調症になってしまいました。比較的軽い症状なんですけども、医師から家で安静にしているようにと言われて、家にいると自信がなくなってきてしまいました。

坂上 僕はおばあちゃん子で、2歳7か月のころ、祖母が亡くなって一言もしゃべらなくなっちゃったそうです。近くの病院に母親が連れて行ったら、友達を作ったほうがいいと言われて、歩いて5分のところに児童劇団があったからそこに入りました。

家にいても指くわえたまま一言もしゃべらなくなって、これやばいぞという感じだったんです。友達ができたら、べらべらしゃべるようになったらしいんだけど。

あなたも、演じることが好きだったら、あきらめる必要はないし、あきらめちゃだめだと思うよ。行動に移せたら、具体的にやることがでてくる。そうすると不安に思うことがあっても、やらなきゃいけないことで忘れることができるじゃないですか。

好きなことが見つかれば、そっちにいけばいい

坂上　だから今は大変なときだと思うけど、そういうときこそ、好きなのは女優さんなのか演じることなのか、ちゃんと見つめなおしたらいい気がする。逆に言ったら、ほかに好きなことが見つかったら、そっちにいってもいいわけじゃない。

嫌なことがあっても、一日寝たら忘れるよ、というやりかたがあるじゃないですか。僕はそれが大嫌いで、一日寝たくらいで忘れられることは大して嫌なことではない。落ち込むときは、とことん落ち込むようにしたよね。引きずるときもめっちゃくちゃ引きずるようにしてるんだけど、もしもいま動くに動けない時期だとしたら、一つだけ言えることは、その期間を後々に無駄じゃない時間だったってできるのは本人しかいない。

あの頃一番しんどかったけど、あの頃がなかったら、今の自分はないなって言えるようになると勝ちなんじゃないかなって気がするけど。不安の方が最終的に勝ってしまったら、そこまで好きじゃなかったのかなって、違うものに目を向けてみて。

しんどいときは、一皮むけるチャンスでもある

坂上　僕も、学校に行きたくないことなんていっぱいありました。校内暴力が激しいときだったんですが、おやじが許すタイプの人ではなかったので、行くしかないのかなと。僕はどちらかというと逃げる派なんです。ほんとにしんどかったら逃げなきゃいけないときもあるし、転校しちゃった方がいい。

ただ、ピンチのときがチャンスという考え方と同じで、若いときのしんどいときって、一皮むけるチャンスでもあると思っている。

でも、それを子供たちが自力でというのはよっぽどですよ。だから、道筋をつけてあげるというか、水先案内人になりえる大人がいてくれると、やりよう

というのはゼロではないんじゃないかと思います。

うちの劇団でも、学校でいじめられてる子がいます。子役になりたいんではなくて、コミュニケーション能力を身につけさせたいと親御さんから相談されることもある。でも一番は、うちの劇団に来たら、君の席というのはここにあるからねってことであると思う。

たしかに学校に席というものはあるんだけれども、歯車が狂うと、自分はここにいていいんだろうかということになってくる。うちの劇団に来たのであれば、君の席は絶対にここにあるよと。でも、この席は動くものであって、主役の席に移動してもらいますよとか、裏方に回って物事見てごらんとか、いろんなところに席を移動してもらって、いろんな角度から風景を見てもらいたいです。

価値がない人はいない

坂上　僕がMCをしている「バイキング」だと、多いときは150人くらい集まる。それぞれのパートが欠けたら成立しなくて、みんながみんな１００パーセント満足して仕事してるとは思えないけども、場所はあるわけです。

ねじにならないとね。家があったとしたら、一人一人がねじになって、それが抜けると、えっ地震きたら大丈夫ですかとなるので、必要なわけじゃないですか。それだけで十分な価値なわけです。

一番大事な柱のところのねじになるのか、それこそ柱そのものになっちゃうのかというのは、その人の努力とか運もあるんだろうけど、価値がない人はいないはずです。

だから夢をもっちゃいけないわけがない。そこは人にとやかく言われることではない。例えば女優になりたいって言って、誰かがなに寝ぼけたこと言ってんだよと言っても、はいはいと言って、受け流す。

もしくは、そういう言葉を発奮材料にして、あのやろういつか見返してやると思う。僕はどっちかというと、そのような気持ちが強いタイプだったかな。

逆に自分が成長していくと、見返してやるって気持ちは薄れていくんだよね。年齢とともに丸くなっていくことは、決して悪いことではない。俺が言っても全然ダメだな（笑）、丸くなれてないからな。

――**不登校についてはどう思われますか。**

坂上　子役のスクールやっているから、遠い話では全然ありません。いろいろ苦しんでる子供も、近い存在でいるので。今日来てくれている人たちは全員不登校なんでしょう。

――**そうですね。**

坂上　明るい集団です。その人に居場所と責任があれば、それが学校でなくても、どこでもいいと思います。

がんばるのではなく、どう力を抜くか

坂上　僕は気質的にネガティブな人間なんで、落ち込んだら本当に落ち込みます。芝居でもバラエティでも、一生懸命は誰でもできてしまう。ただ、力を抜くのは難しい。

どうやって力を抜いていくかというのは、自分をいたわるということでもあ

る気がする。それが今の僕の課題でもある。一生懸命やっているのはみんな一緒なのだから、そこでさらにがんばるのはやめましょう。全然できてないから、自分に言い聞かせないといけない。

――死にたいと思ったことがあるとおっしゃっていたのを拝見したことがあります。

坂上　気が付いたらテレビに出てたから、小学校、中学校では恰好の標的でした。べつに出たくて出てたわけじゃなくて、物心ついたときには出ちゃってたので、本当にきつかった。

僕の部屋はひどかったですよ。最初は、カラースプレーであいつ殺してやるってなるんだけど、そのうちその気もなくなってきて、自分に向けるようになる。

自分に向けだすとこれはちょっとやばい。俺はこのままいていいのかな、俺なんかいちゃっていいのかなって。でも兄貴がいたからね。兄貴に手を貸してもらった。そのときに誰にも相談できなくて、家にこもってたら、ちょっとどうなっていたか分からないですね。

――手を貸してもらったというのは具体的にどういうことでしょうか。

坂上　学校に行ったら、机に彫刻刀で何時何分にお前殺すとか書いてあった。それがもう、次に行ったら机がなくなってる。兄貴は4つ上なんですけど、そのとき一番悪かった先輩と仲が良かった。それで手を回してもらった。

当時は、なかなか兄貴に泣きつくことができなくて、この手を使ってはいけないんじゃないかとちょっと屈辱《くつじょく》でしたけどね。やはりすがらざるを得なかった。そんな簡単にSOSは出せるものではないですよね。命がけですよね。子供の世界があるから。

なにかを成し遂げようとするときは、孤独になる

――人生で一番つらかったときに、心の支えはありましたか。

坂上　やはり、友達ですかね。転校生の子がいて、なぜか気が合って、そいつとよくいました。その子がいたから、中学校の卒業式までいられた部分はある。友達いなかったら、ちょっと無理だったかな。

どんな仕事でもそうだと思うんですけど、批判する人は必ずいる。気にはなるかもしれないけど、気にする必要もなければ、ぶれる必要もない。自分がやりたいからやってるわけで、そこはぶれないほうがいいと思います。だいたい3割共感があればいいと僕は思っている。

なにかを成し遂げようとするときって必ず、孤独になる。孤独には負けないでほしいなと思います。

方向が決まっている人生なんて、つまらない

椎名誠

椎名誠（しいな・まこと）

1944年、東京都生まれ。流通業界誌の編集長を経て、作家となる。『アド・バード』で日本SF大賞、『犬の系譜』で吉川英治文学新人賞を受賞。著書に『哀愁の町に霧が降るのだ』『岳物語』など多数ある。

——椎名さんは、なぜ作家になられたのですか。

椎名　僕は、作家になりたくてなったわけではないんですね。作家なんて、なろうと思ってなれるもんじゃないし。

もともと、何になるかなんて、まったくわからなかった。大学は行ったけど、学費がないのと生活費がないのとで、1年でやめちゃった。

ただ、アルバイトは楽しかったし、友だち3人といっしょに住んでて、めちゃくちゃな生活をしていた。誰かが家賃を払うし、誰かが食い物を持ってくるし。20歳ちょっとで、方向性を失った学生なんてさ、何していいか全然わからなかった。

エリートコースにきちんと向かっていく人もいるだろうけど、それだけが人生じゃない。方向が決まっている人生なんて、つまらないものだと思います。

僕も、先がわかっているところに向かっていくほどかったるいことはないと、感覚的にわかっていたように思いますね。僕の家は、父親が公認会計士をやっていて、兄たちは理工系の大学。だけど僕は算数ができないし、そういう家の雰囲気に抵抗していたところもあった。

何をしていいかわからなかったけど、とにかくバイトした

椎名　何をしていいかわかんないけど、とにかく明日の金がほしくて、バイトをしていました。そのほとんどが肉体労働でね。たまには肉体労働以外をしようと思って、たまたま始めたのが、デパートの業界誌をつくる仕事だった。それが運のつきか、運のつきはじめだったのか（笑）。

はじめは2ヵ月ぐらいでやめちゃおうと思っていたんだけど、当時の業界誌は文学青年くずれみたいな人ばかりがいて、意外におもしろかった。みんな一癖あって、酒飲みで、バクチ打ちでね。気がついたら3ヵ月、1年といて、いつの間にか10年ぐらいいたっちゃった。

だけど、そこにもだんだん飽きてきて、もっと何かしたいと思って、文芸評論家の北上次郎と『本の雑誌』を始めた。僕は、勉強はきらいだったけど、本はよく読んでいたんですね。

『本の雑誌』の編集をしているうちに、自分は文章を書けるんだと気づいて、エッセイを書いたりしているうちに、だんだん作家になってしまった。

作家になるなんて、いろいろでね。賞をとって有名になる人もいるし、作家について勉強する人もいる。だけど、僕の場合は、無手勝流《むてかつりゅう》というか、もののはずみというか（笑）。

沢野ひとし君も、僕と同じ高校にいて、やっぱりほとんど勉強しないで絵ばっかり描いていた。絵が好きだったんだろうね。それで、僕がプロの作家になったときに絵を描いてもらった。彼は会社員で、イラストレーターなんかになるつもりなかったと思いますけれどもね。僕に引きずられるようなところがあった。

――SF小説に出てくるキャラクターの名前がおもしろいですよね。

椎名　ああいうのは、勉強しても出てこない。感覚というヤツだね。僕の書くのは、私小説とSFで、その中間が普通小説と言われる恋愛小説とかミステリーで、一番売れるんだけど、僕は全然興味がわかない。

しょせん小説なんてウソだからね。ありふれたウソをついてもつまらない。ファイトが燃えない。ウソをつくなら、一人の人間がどれくらい壮大なウソをつけるかと思うわけです。SFは、まだ見たことのない世界を、いかに空想力を駆使して、自分の筆の力で作りあげるかでしょう。ファイトがわく。

逆に、私小説は、本当の話をいかに書けるか。ヤバくて書けないようなこともある。それを、どこまで本当に書けるか。これもファイトがわく。

知らない場所に行きたい

――よく旅をされていますが、なぜ旅に出られるのでしょうか。


椎名　島が好きで、よく島に行きます。本が好きだったことと関係しているんだと思います。小学校のときに読んだ『十五少年漂流記』が最初で、それを追っているようなところがある。

冒険記をずいぶん読んで、そういうところに、いつか行ってみたいと思っていました。「そんなことできないよ」と大人は言うけど、僕は、できるかもしれない、と思う。

スウェン・ヘディンの『さまよえる湖』を読んでからは、探検家になりたいと思った。高校生ぐらいになると、探検家なんてそう簡単にはなれないと思うようになりましたけど。

物書きになってしばらくしたころ、楼蘭《ろうらん》探検家と同行して、日本人として大谷探検隊以来75年ぶりにタクラマカン砂漠から楼蘭に行ったんですね。そうしたら、小学校のころ見たスウェン・ヘディンの挿絵と一緒でね。真夜中、着いたとき涙が出ましたね。

――遠くに行きたいという思いがあるんでしょうか。

椎名　遠くというより、知らない場所に行きたい、という感じですね。旅というのは、現状に満足できないからするんだと思います。ある種の上昇志向がないと旅という発想は出てこない。現状に満足しているんだったら、いまいるところにいればいいし、明日も同じもの食ってればいいんだから。

旅によって、見えてくるものがある

椎名　旅というのは人類の発展と成長の起爆剤なんだと思います。外国に行くと、日本がよく見えてくるし、日本を考えると外国が見えてくる。僕は、その両方の振り子を行ったり来たりしているように思います。

先日、アメリカの西海岸に行ったとき、ある海辺の町に行ったんですね。すごく海のきれいなところで、海にはラッコがいたり、鯨《くじら》がいたりする。

驚いたのはケイマフリという海鳥がいたことで、これは日本では絶滅寸前の鳥です。北海道の絶海の孤島の崖にかろうじて生きている。その鳥が、その町では民家のすぐそばにいるんです。なぜかといえば、アメリカでは、日本みたいに海岸線を壊すようなことをしなかったからなんですね。

地球というのは、40億年の歴史があるわけです。それに対して人類の歴史なんて、せいぜい500万年くらいでしょう。今日のような近代文明をもったのはせいぜい200年。

テトラポッドなんて、せいぜい30年くらいもてばいいものですよ。そんなのが40億年にかなうわけがない。海岸なんて、海に浸食されるのが当たり前でね。防げるわけがない。だからハナからやらないというのがアメリカ人の考え方なわけです。

日本は、戦後、コンクリートで国を変えてしまった。それが日本の成長だった。山を壊し、海を壊し、川を壊す……環境を破壊することが成長の歴史だったわけです。木更津《きさらづ》の海なんて98パーセントがコンクリートだからね。旅によって、そういうことも見えてきます。

――言葉は不自由しませんか。

椎名 不自由していますよ。だから、語学だけは、きちんとやっておけばよかったかなと思います。言葉は武器になるからね。

好きなように生きる

――『岳物語』には、椎名さんの子ども観が表れていますよね。

椎名 あれも私小説ですね。あったことを、そのまま書いただけ。べつだん意図があったわけでもないし、何も考えないで書いた。それが200万部も売れたというのは、世の中の多くの人が、僕にとって自然なことが自然じゃなかったんだろうし、どこかで僕の書いたようなことを望んでいたんじゃないかと思います。

つまり、子どもに何もしないということですよね。親が何も強制しない。好きなように生きなよということです。子どもにはキツイ部分もあったと思います。たとえば、小学校に入ったとき、うちの子だけ字が読めなかったりもしました。小学校で字を学ぶはずなのにね。

モンゴルで映画を撮ったとき、7歳の子にモンゴル語で書いたシナリオを渡しました。学校にあがる前の子でね。日本人の感覚だと、字が読めて当たり前でしょう。だけど、彼は字が読めなかった。そのことが、結果として大成功だったんですね。

どんなに忠実にシナリオを書こうと思っても、日本人であるということと、大人であるという時点で、二重のウソがある。もし、あの子がシナリオを読めていたら、そのまま、そのウソが通ってしまっていた。

字が読めなかったから、いちいち状況を説明して、「こういう場合だったらなんて言う?」と聞きながら進めたんですね。これが大成功で、マスコミからも「なんでモンゴルのことをこんなにわかった映画を撮れたのか」と質問されました。

そのうち価値観がひっくり返る

椎名　僕は、不登校というのは、非常に素直で、正直な反応だと思います。多くの子どもは、本当は不登校したがっているんじゃないですか。だけど、それには勇気がいる。不登校しているのは、自分に忠実な、素直な人だと思います。日本は、まだ国家とか体制を大事にしていますよね。もうちょっと個人が重視されるようになると、学校みたいなものも、価値基準が変わってくるはずだと思います。だいいち、「不登校」という言葉自体が良くないですよね。

管理者に自信がないシステムというのは、非常にしめつけが厳しくなりますよね。監獄がいい例ですよ。自信のない看守は、囚人に厳しい。

いまの学校は、そんな感じですよね。だから、管理する側が、自分の手の内に留《とど》めておこうと、がんじがらめにする。その矛盾が、どうしようもなくなってきて、あちこちからつつかれている。基盤がグラグラしてきた。もうちょっと、という感じですね。

学校に価値を見いださない人が3分の1くらいになれば、意味が逆転してくるでしょうね。学校に行きたい人だけが行けばいいということになる。まだ、みんな肩身が狭いだろうけど、そのうち、価値観がひっくり返りますよ。いかに学校に行かなかったことが偉かったかということになるかもしれない。

――最後に一言いただけますか。

椎名　多くの情報は、知らなくていいことが多いですよね。日本は、雑音が多すぎる。情報過多ですよ。それでいて、他人の意見に振り回されやすい。

僕はテレビも新聞も見ないんですね。一般の新聞は、みんな同じで、読む気がしない。だから、こういう「不登校新聞」という新聞があるということとそのものに敬意を表しますね。こういう新聞はちゃんと読まれるでしょうね。

私も、不登校の子どもには、おおいにエールを送ります。こういう情報発信の場があることによって、やがて、大きな力をもってくると思います。

人の役に立つことを生きる力にする

荻上チキ

荻上チキ（おぎうえ・ちき）

1981年、兵庫県生まれ。評論家。メディア論を中心に、政治経済、社会問題、文化現象まで幅広く論じる。NPO法人ストップいじめ！ナビ代表理事。著書に『災害支援手帖』『いじめを生む教室』など多数ある。

――不登校をどう考えますか。

荻上　不登校は身近に当事者が多いですね。ＮＰＯ法人ストップいじめ！ナビの副代表も、自分の子ども二人も。僕自身は不登校の定義から外れるものの、小学校から中学校のあいだ、いじめにあっていたため、仮病を使ったりして学校をちょくちょく休んでいました。僕の場合は、無理せず休んで正解でしたね。

不登校になる人にはそれぞれの事情が個別にあって、そういった個別の児童に対しても平等に教育の機会が確保されなければならない。ただ、いまのこの国は「通学中心主義」になっていて、通学以外の教育機会を提供するというのが弱いんです。

実際のそれぞれの学校では、「無理して学校に行かなくてもいいよ」と現場の職員が言ってくれるところもあったり、発達障害などの当事者に対して必要な支援をしていこう、という場も少なくはない。ですが、それでも行政の態度としては、あくまでも通学をサポートする、という恰好になっています。

教育を受けるのが学校である必要はない

荻上　この国の憲法には、教育機会の確保の手段が学校でなくてはならない、とはどこにも書いてない。あくまで教育を受ける権利とのみ書いてます。学校に通うというのは、その権利を満たす一手段として、法律に定めているんですよね。

ほかにも通信教育とか放送教育とかいろいろあるんですが、あくまで通学と比べて「サブ」の扱い。平等に選択肢が用意されているとは言い難い。

こうした中で、たとえばいじめ自殺問題が起きると、コメンテーターなどが「学校へ行かなくていいよ」「逃げてもいいんだよ」とテレビなどで言ったりします。僕は半分はそれに賛成なんですが、半分は同意できない。この未整備な状況では、行かなくなった時点で、自己責任化されてしまうからです。

不登校になると、ハンディキャップを背負うことになります。履歴書の空白ができるし、学歴も学校に行っていた人よりも落ちる傾向があります。もともと公教育は、いかなる家庭に生まれたとしても、公平に教育にアクセスできるようにしようという理念があります。それが、各家庭に丸投げということになってしまいます。

だから、大人は「行かなくていいよ」だけでは足りない。もう一歩ふみこんで、「行かなくてもこっちがあるよ」ということを提示しなければならないんです。それはフリースクールだったり、夜間中学だったり、通信だったり、ホームスクーリングだったりしますが、そうしたいろんなオプションを検討する必要があるし、いまはそういう段階にきています。

「学校に行かなくては」という言葉の呪いを解消する

――「学校に行かなくていいよ」だけじゃダメ、という指摘は、私たちにとっても問題提起ですね。

荻上　前提として、僕が『「学校に行かなくていいよ」だけ言うのは問題だ』と言うのは、メディアや行政に向けて言っているんです。保護者とか支援者がそういったことを言うのは全然オッケーだと思っています。子どもにかけられた、「学校に行かなくては」という言葉の呪いのようなものを解消してあげられるのは、身近な大人ですから。

――内田良さんがおっしゃっているように、学校に行くということが一つのリスクになっている現状がありますね。

荻上　最近ですと「学校ストレス」という言葉をつかって、学校のなかで発生するさまざまなリスクを言語化する動きが出てきています。そうしたなかで、学校ストレスをさけることによって、いじめの防止や、非行や不登校であるとか、社会科学的には「逸脱行動」と位置付けられるような行動を抑止しようという研究が今の一つのスタンダードになっています。

学校リスクというのは、学校ストレスによってさまざまなハザードが個人に襲いかかるということですよね。たとえば大人なら、「この人ちょっと無理だな」と思ったら離れる、ということができるわけです。簡単ではないですが、会社を辞めるとか引っ越すとか、縁を切ることは可能です。

でもクラスメイトとは縁を切れないんですよね。クラス替えを自分の意思ですることはできないので、強制的に関係性が維持されることになる。つまり学校という仕組み自体に、そもそものストレッサーがあるんです。

それに加えて、たとえばケータイ持ち込み禁止、ゲーム持ち込み禁止、飲食禁止などの校則もあります。大人だったら、途中でガムを食べて、「次にそなえよう」とか、自由にできるんですが、それができない。

学校ストレスを除いていく

荻上　大人の社会よりも子どもの社会のほうが、自由度が著しく低いんです。本来は子どものほうが大人よりも脆弱《ぜいじゃく》なので、より安全な空間として学校を設計する必要があるはずです。

たとえばその空間から離脱しやすくするとか、いろんなセーフティネットを学校のなかに作っていく必要があります。しかし実際は、むしろより厳しいルールを子どもたちに押し付けるようなことが前例になっている。

しかもそれを経験してきた大人たちが、「ストレスに慣れることによって、大人になって社会に出る耐性が身につく」なんて言うわけです。しかし、この社会がストレス社会なんだったら、まずそれを解決しなければいけないんですよ。

学校ストレスを丁寧に議論して、除去していく、そうした試みはいくつかの自治体や学校で始まっているので、そうした試みを全国規模にしていくことによって、学校に行くという選択肢をより安心・安全なものにすることが重要です。それと同時に、学校以外の選択肢もしっかり拡充する、という2面路線が必要だと思います。

――学校に行きやすくするための環境整備も必要とのことですが、具体的にはどういうアイディアがありますか。

荻上　まず教員の数を増やして、担任は複数にすべきです。また小学校でも、英語や道徳など教科が増えていることも踏まえて、教科担任制にしたほうが良いと思います。特定の教師の目だけが生徒を見るという環境ではなくて、必ず複数の先生たちが見る。それによって、教師の多忙感を解消することができますし、特定の教師の権力性を弱め、教師に相談しやすい体制を整え、生徒にも目を届かせやすくする、ということが期待できます。

僕のイメージですと、教室の前で授業をする先生がいて、もう一人は後ろのほうから、個別の児童の進行具合をサポートします。そうすることで、しばらく休んでいた児童や、教室を出歩く児童に対して、個別の対応がよりとりやすくなる。

さらには、学校と教育委員会や地方自治体がセットになって、個別の学習支援を行っていくことも必要だと思います。たとえばスクールソーシャルワーカーなのか、ケアワーカーなのか、ものによって違うとは思いますが、地元の福祉と、家庭と、そして学校あるいはその他の教育機関、そうしたものをコーディネートしていくような仕組みが必要だと思います。

孤立したほうが楽に生きられる人もいる

――ひきこもりについてはどう考えますか。

荻上　ひきこもりが、社会問題化されてから20年ほどですね。さまざまなひきこもりの支援団体や、ひきこもり支援のウェブサイトなども生まれてきていますが、まだ偏見が多いですね。

就労支援であるとか、さまざまなオプションというのも、ゆっくりだけれどもつくられるようになってきました。ただ、まだまだリソースが少ないというのが現状だと思います。

ひきこもり問題が投げかけているものはいくつかあると思うんですが、「社会と接しないと生きていけないこの社会」っていうのは、そもそも不完全ではないか、と思います。

いままでは社会で生きるということはあたりまえでしたが、インターネットなどが整ってくることによって、家にいて、人とコミュニケーションしなくてもお金を稼ぐことはできるようになった。孤立したほうが楽に生きられるよ、という人も中にはいるんだ、ということを想定した社会というものがだんだんでき上がっているわけです。

これまではあまりにもコミュニケーションを重視する社会であり、特にここ数十年は第三次産業であるサービス産業がメインになってきているので、どうしても個人のコミュニケーション能力を求める社会になってきています。

でも一方でそのコミュニケーションの負荷を下げるための装置もだんだんできてきている。たとえば「会社休みます」という電話をするのがしんどくて無断欠席してしまって、そのまま会社に行けなくなってしまうケースは結構あります。

しかし、「会社行けません」というやりとりが、ラインスタンプ一個で済んだら、そのまま行けなくなっちゃうことは少なくなるんじゃないでしょうか。コミュニケーションコストを下げて、よりライトな形にすることによって、本人が自罰《じばつ》的になることを避けることができると思うんです。

僕はフリーランスですが、なぜか僕みたいな形態の働き方を「就職」とは言わないんですよね。会社に勤めることが想定されている。あとは大学院生だと「社会人」と言われないとか。労働についても、何かを中心的なスタイルだと見なすような言葉が、日常に溢れています。

家でも学校でもない第三の場所を

荻上　不登校にせよひきこもりにせよ、家庭と職場、または家庭と学校という2つの場所以外の場所が想定されないで、この社会というのは進んできたと思います。よく第三の場所といいますが、家でも学校でもない、あるいは家でも職場でもない場所、居心地がよく、自分の荷物をおろせる場所というのが必要です。

生まれてくる場所は選べないので、すごくミスマッチな家庭に生まれてしまったから、そこから離脱したいという人もたくさんいるわけです。そういった人にも第三の場所が必要です。地域なり、民間なりで、同志でつながったり、年長の人とつながったり、そうしたことで世界が広がります。

学校と家との往復ってすごく世界が狭いですよね。そこでいじめとかにあうと、ああもう自分は世界から追い出されたんだ、と思ってしまいますよね。うつになったり、自分を責めたりしてしまう。でも第三の場所があれば、学校がなくてもその場所がある、といった感じで、自分をキープして、自尊心を調達することができる。

他の国だったら教会とか、ロータリークラブとか、いろんな形で紐帯《ちゅうたい》が構築される機会があるんですが、その紐帯を形を変えて作っていかなきゃいけない、というのがこれからの課題かな、と思います。ネットが出てきたので、そういった紐帯を自己的に作り上げることは部分的にはできるようになってきたんですけど、まだまだ不足していますからね。

僕は子どものころから、いじめにあっていても、ゲームとか映画とか文学に触れることによって、心の中の第三の場所みたいなものを確保することができて、「学校が終わってからが僕の人生の本番だ」という感覚がありました。

理不尽は少ないほうがいい

――荻上さんの思考の核になるものはなんですか。

荻上　「どうしてそうなったんですか」とよく聞かれるんですが、その都度その都度の出会いとしか言いようがないんですよね。本と出会ったり、人と出会ったりするなかで、自分の性格とか思想が形成されていくと思うんです。ただ、自分のなかの一つの理念として、「理不尽は少ないほうがいいよね」というものがあります。ある当事者に生まれたら、その属性によって差別されるとか、そういった理不尽っていやだ、というのをベースとして言論活動をしています。

理不尽なことってよくないよね、ということを言語化するようになったのは大学生くらいからですね。自分は文学部で日本文学を研究していて、「テクスト論」というちょっと特殊なジャンルで文学研究をしてたんです。

テクスト論というのは、それまでの文学研究とはまったく異なる手法だったんです。従来の文学研究というのは、作家の生い立ちとか作品が書かれた時代背景とか、そういったものの注釈をつけていく、いわゆる実証主義。対してテクスト論は解釈主義です。

一つの作品で、作者がこう書いたからといってそう読めるものではない。目の前にある文字の列をどう解釈するかは人によってそれぞれ違う。ではどのように解釈しうるか、というレパートリーを把握するためにいろんな思想のパターンを学ぶんです。そのうえで、それを批判するための思想もセットで学ぶ。そうすることでたとえば、男性中心主義的な読まれ方をしていた文学がフェミニズムの観点からすると、問題だということになる。健常者中心主義の読まれ方をしていた文学に対して、障害者もいるでしょ、という観点から批判をする。

エネルギーは人より少ない

――いろんなジャンルで発言されてますが、批判を受けることもあると思います。生きるエネルギーというか、勇気はどこから湧いてくるんですか。

荻上　僕はエネルギーは人より少ないと思います。よくへこむし、うつ病もちだし。充電してもすぐ漏電《ろうでん》するみたいなバッテリーで生きてます。

人の生きづらさの問題を考え続けてきた一方で、自分の生きづらさを30年以上放置して今にいたっていて、いまさら、友だちをつくらなきゃと思い始めているくらいです。だからその質問に対してはなにも言えません。

ただ、僕は自分自身を肯定する力は昔から弱かったんですけど、自己効力感というか、自分が人の役に立てるという経験をこの仕事でして、生きる力を調達している、ということがあります。

仕事で失敗したら仕事でカバーする、とかね。なにかあっても取り返すぜ、というふうに考えてはいます。ただこれは結構危険な面もあって、たとえば会社員でバリバリ働いて、仕事によって自己効力感を得て生きてきた人が、仕事がなくなったとたん、自己効力感が得られなくなって、自己肯定感の調達の源泉がどこにもなくて、どうするのか、という話です。

また、最近では認知行動療法や運動などで、セルフメンテナンスを身につけようとしています。つくづく、自己肯定感を調達するためには、友人や家族からの承認など、仕事などで役に立つ以外の「ただの生命」として承認されるということが大事だと思います。

対談

北斗晶×石井志昂

人になんと言われようと、やりたいことをやってみる

北斗晶（ほくと・あきら）

1967年、埼玉県生まれ。2002年に女子プロレスを引退し、夫・佐々木健介のプロレスマネージャーとなる。その後、タレントとしてテレビに多く出演。2014年、ベストマザー賞を受賞。

石井志昂（いしい・しこう）

1982年、東京都生まれ。中学2年生から不登校。19歳から「不登校新聞」のスタッフとなり、2006年から編集長。これまで、不登校の子どもや若者、識者ら400人以上に取材をしている。

撮影：矢部朱希子

北斗　わたしは、長男が成人して、次男が高校3年生になるんですけど、うちの子なかなか立たないんですとか、歩き始めるのが遅いんですとか、そういう相談を受けるんです。そういうときは、楽観的なんですけど、「いいじゃん」って言うんです。1回立ったら、一生立ってんだぞって。

石井　次くるのは、寝たきりぐらいですからね。

北斗　そうそう、わたしも同じことを言ってるんです。お母さんたちは、成長が遅いって悩む。わたしもそうでしたけど、親というのは、どうしても、比べないと言いつつも、どこかでほかの子と比べてしまいます。

石井　北斗さんは焦らなかったんですか。

北斗　長男が11月生まれだったので、母親になったときは、どうしてうちの子は遅いのかしらって思っていました。次男も3月生まれで遅かったんですよ。だから、いいじゃん遅くて、最高じゃんって言ってたの。かわいいときをまだみせてくれてるんだからって。

石井　不登校でも、人と比べてしまうというのは大きいと思います。北斗さんが比べなくてもいいんだなと思ったきっかけはありますか。

北斗　わたしが言っていたのは、小さい子だから言えることで、不登校になったら、話は違ってくると思います。ただ「ふつう」に学校に行くという、「ふつう」がすでにほかの人の物差しではある。その物差しで測れなくなってしまった子どもを、なんとかしてあげたいという想いと、できればまわりに知られたくないというのが本当の親の気持ちじゃないかと思います。かっこいいことは言えないな。わたしも、そう感じると思います。

子どもにとにかく共感する

石井 北斗さんのお子さんが苦しんでいた時期があると伺ったことがあるのですが、そのときのお話を伺うことはできますか。

北斗 親がこういう仕事だから、小学校のとき、子どもが大変だった時期があります。おまえんちはテレビに出てるからって調子に乗ってんじゃねえぞと、上級生の子に囲まれてたとママ友が電話をくれたんです。長男は、わたしには言わなかった。それは息子の優しさであったと思いますね。長男は、うるせえって言い返さない子だったから、かなり我慢していたんだろうなと思います。

石井　親としてはつらいですよね。小学生のいじめが、いますごく多くて、雑誌「LEE」（19年11月号）が452人にアンケートを取ったら、学校に行きたくないと言ったり、実際に行かなかった子が55パーセントを占めました。今のお話を伺うと、言わない子もいるわけですから、それを含めると、とても多いんだなと思います。

北斗　行きたくないとか、いじめられたりとか、わたしたちのときにもありましたよ。でも、だんだんエスカレートしてる気はしますよね。どれだけ子どもが傷ついているのかなと思います。

石井　ニュースでは、いじめられている人が大変で、いじめてる人がひどいということになりがちなんですけど、両者にいろいろな背景があって、いじめてる子もじつは家で虐待を受けていることもあり、ぐちゃぐちゃなんですよね。

北斗　子どもが小さいころは、子どもに共感するようにしていました。いけない例ですけど、仲のいい女友だちに、こんなことがあってね、あの人むかつくよねと言っているときに、北斗さんも悪いから謝ったほうがいいんじゃないと言われたら、腹立ちますよね。そんなこと聞きたいわけじゃない。

わたしが悪いのはわかってるけど、一緒にあの人むかつくよねと言ってもらいたい（笑）。

親がそうなっちゃうんです。あなたも悪いんじゃない、謝ったほうがいいんじゃないって。それが今の正しい形かもしれないけど、そう言われたら、子どもは、余計に悩みを言わなくなるんじゃないかと思ったことがあるんです。

なにかいやなことあった？　と聞いても、子どもは言わないでしょ。だから、なにか面白いことあった？　と聞くんです。そうすると、こういうことがあってねと話し始めて、たいして面白くない話でも、面白いじゃん！と話を聞く。

それから、なんかいやなことあった？　と聞くんです。そうすると、こういうことがあってねと、ちょっと友だちの文句を言ったりする。そうしたら、わたしはぼろくそ言うんです。なにそれ、あいつむかつくね、性格悪そうな顔してるもんねとか（笑）。そうすると、でもね、本当はあいついいやつなんだよって子どもがかばいはじめるんです。大人も子どもも、感情というのは一緒だなと思います。

石井　北斗さんはご自身のことをいけない例とおっしゃられましたけど、フリースクールでも、言葉尻ではなく、気持ちを受け止めることを大切にしています。そういう風に共感すると、自分の気持ちは間違ってなかったんだと思えて、次の行動につながるんです。

自分がされて嫌なことは子どもにもしない

北斗　わたしは、自分がされて嫌なことは子どもにもしないようにしています。わたしもね、と自分の話を始める人がいるでしょ。共感して話してるつもりなんだけど、自分の話をしているだけで、それは共感じゃない。ママも小さいころこういうことがあって、そのときはこういうことをしたんだよって言ったら、子どもは、なんか話が変わってるし、うるせえなってなりますよ。
わたしは、親としてはダメなんだけど、子どもにも、あいつ殴っちゃえばとか言ってたんです（笑）。そうしたら、学校から電話がかかってきて、息子が友だちと殴り合いのけんかになってしまって、どうして殴ったのかと聞いたら、お母さんが殴れって言いましたって答えたと。申し訳ありません、息子によく言い聞かせておきますと言ったら、先生が怒らないでやってくださいっておっしゃいました。息子が玄関に入ってきた瞬間、ばかやろう、なんでママの名前出すんだよって。そんな子育てですよ（笑）。

石井 子どもが苦しんでるときに、だんなさんに相談することも多いと思うんですけど、だんなさんはどういう反応をされてましたか。

北斗 子どもがわたしには言ったけど、父親に言いたくなさそうなときは、夫にこういうことがあったんだけど、知らないふりしてねと言っていました。

石井 だんなさんがアドバイスしたりすることはあったんですか。

北斗 ないです！

石井 だんなさんのほうが、それは甘やかしてるからだろとか言って、母親が孤立感を感じるということもよくあるんですけど、メディアを通して知るかぎり、だんなさんは優しそうな方だから、なんて言うんだろうなって思ったんです。

北斗 なにも言わなかったですね。父と息子って、仲が悪いわけではないんだけど、距離を置きますよね。うちは男の子だったからか、けんかしたとか、トラブルがあったとか、あまりたくさんの人に知られたくないんだろうなという感じを受けました。

人それぞれだとは思いますけど、なかには、いじめられたことを恥ずかしいと思う子もいるでしょ。わたしも、そんなたいそうないじめではなかったけど、いじめられたことがあった。そのとき、いじめられてるということが恥ずかしかったんです。もしかしたら、友だちが作りづらい子も、そのことを恥ずかしいと思っているかもしれない。

だから、おおっぴらには言わずに、夫にはこういうことがあったみたいだよって。夫は「わかった」と。おまえ、それしか言えねえのかよって、「わかった」以外になにかねえのかよって思いましたけど（笑）。でも、学校に行くときに、大丈夫かなって表情を見てましたね。

手を振っている姿を思い出してくれたら、それだけでいい

北斗　うちは、雨の日も、風の日も、雪の日も、いまでも、子どもが学校に行くときは、夫婦ふたりで外に出て、いってらっしゃい、無事に帰ってくるん

だよと見送っているんです。口が悪いし、下品だし、いやな親だったなと思っても、いつか畑のなかで手を振ってた両親を思い出す日がくると思っているんです。

石井 なんか涙ぐんできた。めちゃくちゃいい話ですね。

北斗 旅行に行ったこと、おいしいものを食べたこと、そんなことは思い出さなくていいんです。いつも畑のなかで手を振ってくれてたなと思い出してくれれば、たいそうなことができなくても、親として、それだけ思い出してくれればいいかなと思っています。

石井 今年聞いたなかで、一番いい話。

北斗 あとは、授業参観だけは行っていました。仕事は絶対入れない。ふたりで行けるときはふたりで行きました。なぜかといったら、どんな太った母ちゃんでも、子どもは後ろを振り向いて、来るかな来るかなと見てるんです。それが両親でなくて、おばあちゃんでも、誰かが来てくれただけで、うれしい。それは必要だなと思います。わたしが小さいころも、教室の後ろでガラガラと音がすると、やっぱり見たんです。

自分自身が小さいころの記憶って、なにを覚えてるだろうと言ったら、インパクトがあったことだけ。話をしていて、ああそんなこともあったと思い出すこともあるぐらいです。人間って、全部覚えてるわけじゃないじゃない。だから、なんでもいいから、ひとつだけ、それこそ、わたしの棺桶《かんおけ》をしめるときに、いつも母ちゃん手を振ってくれてたなと思ってくれたら、それだけでいいと思っています。

石井 親御さんは、目線が親目線で、ほかの子と比べて、うちの子はと悩むことが多いんですけど、北斗さんの場合は、自分が子どもだったころを思い出して、そこからこの子にとって必要なのはなんだろうと考えているんですね。

北斗 これ、すごくいい話だと思ってくれたかもしれないですけど、ちょっと違うところがあって、なんのためにやっているかというと、わたしのためにやっているんです。子どものためだったら感動するかもしれないけど、わたしのためにやってる（笑）。もちろん子どものためでもあるんだけど、わたしがそうしないと後悔するから。後悔したくないから。

石井 学力とか、スポーツとか、がんばったこととか、そっちに親御さんはひっ

ぱられませんか。

北斗　学力？　わたし中卒だから（笑）。

石井　わたしも一緒です（笑）。中卒、最近少ないんですよね（ふたりで握手）。人はどうしても目に見えるものに走っちゃうから、記憶にゆだねるのは珍しいと思います。

北斗　わたしは、プロレス時代もそうだったんですけど、記録に残すよりも、記憶に残したかったんです。はっきり言って、わたしは記録も残しましたよ（笑）。でも、そうじゃなくて、すごかったプロレスラーの人はいっぱいいるけど、記憶に出てこない人は、真のチャンピオンじゃないと思っているんです。女子プロレスファンに、思い出してもらえないんだったら、わたしが残っていなかったら、ベルト巻いただけ。人それぞれ考えは違いますけど、わたしはベルトはおまけだと思っている。北斗晶はすごかったよねと一言でいいから出してもらいたいです。そういう意味で、子育ても同じような気がします。きったない恰好してても、手を振っていた姿を思い出してくれたら、それでいいと思っています。

学校に行かないと決めた後に行く場所

石井 学校の外の場所についても触れておきたいのですが、学校に行かないと決めた後に、行く場がいくつかあります。公的な教育支援センター、民間でやっているフリースクール、通信制高校、夜間中学校、ホームスクール、留学などがあります。

一方、こうした情報をどこで手に入れるかですが、残念ながら簡単に具体的な情報を手に入れる方法はありません。ご自身の都道府県内のフリースクールや学校に問い合わせて情報を集めるしかないというのが現状です。

北斗 なんでもっと大々的に、こういうものがあるってことを世間に知らせないのかなと思いますよね。今悩んでいるお父さん、お母さんもいるだろうし、子どもだって、自分を変えたいと本当はすごく悩んでいると思う。ほかにも道があるんですよね。

石井 先日取材した子は、小学校高学年から中学まで、不登校だったんですけど、自分でも不登校の理由はわからないんです。中学校にあがって、行ってみようと思ったけど、やっぱり行けなくて。この先の人生どうなるんだろうと思って、インターネットで探していたら、ネットで通える学校があることを知った。ここに行ったら、変われるかもしれないと、ネットで完結するんだったら、自分でも行けると思った。
最初は、ネットだけだったんですけど、ネットで知り合った子と会いたいと思うようになって、離島に行って、みんなでワイン造りの工場で働いたそうです。いまはバックパッカーを始めて、いろんな人と出会うことが楽しくなって、世界が広がっています。彼にとって、小学校、中学校はなにもなかったけど、場が変わったら、本当に学びが多かったという話をしていました。やっぱり、選択肢は多い方がいいなと思います。

北斗 不登校の子どもたちに通じるかどうかわからないですけど、わたしは勉強が好きじゃなかったですし、できなかった。スポーツはすごかったんですけど（笑）。2学年上の姉は頭がよくて、わたしは、みんなにバカだバカだと言われてきました。

あるとき、かわいがってくれていたおじいちゃんが、みんなバカって言うけど、バカでいいんだって。大きくなったら、頭のいい人を使える人間になればいいと言ったんです。それは、今でもモットーにしてます。

いまは、わたしができないことをしてくれる人が集まってくれています。これが、おじいちゃんの言いたかったことかなと思う。どんな人に出会うかで、人は変わりますしね。

人になんと言われようと、一歩踏み出してみる

北斗 引きこもってネットをやってると、世間ではおかしいと見られがちです。そんなネットでも一歩踏み出すことができた。人になんと言われようと、気にせず、一歩踏み出してみてほしいです。

石井 いまの話に少しつながるんですが、子どもが育って学ぶ場としてどういう

形があればいいと思いますか。

北斗　勉強がすべてではないと思ってます。わたし、中卒だから言いますけど（笑）。どれだけ勉強して、いい大学を出ても、勉強の無駄使いをしてる人はいっぱいいるじゃないですか。勉強してなくても、自分の好きなことや得意なことを見つければ、自分のやりたいことができるかもしれない。中途半端じゃダメという人もいるけど、いいじゃん、なんかかじっていればと思います。わたし、16歳のときに、女子プロレスラーになるために、東京に練習に行きたくて、電車賃のためにコンビニでアルバイトしてたんです。そのときに、なにが何個残っているかをチェックしていました。1年ぐらい、ちょっとかじっただけ。

もう少しさかのぼると、小学校のとき、手芸が好きで、手芸クラブに入りました。それから、女子プロの寮に入ったときは、お金がないので、みんなで自炊していました。これ、ちょっと覚えていてください。

なにげなくやってきたことが、線でつながる日がくる

北斗　あの子はすぐやめると言われて、子どもが傷つくことがあります。でも、この通ってきた点が、いつか線になる日がくるんです。

わたしは、手芸が得意だというので、テレビ番組の仕事がとれました。また、料理ができるというので、料理の番組にも出ました。セブン-イレブンからは、お弁当作りませんかとオファーがきました。そのとき、スパゲティはどうですかって言われたんですけど、残数チェックをやってわかっていたから、スパゲティは売れません、売れるのはハンバーグですと言ったんです。だから、ロコモコ弁当はどうですかと提案したんです。そのときに思ったんです、全部なにげなくちょこちょこっとやってきたことが、こうやって線でつながると。

だから、すべて、引きこもっていることも点なんだよと言いたいです。引きこもっているうちに、パソコンが得意になるかもしれない。ゲームが得意になるかもしれない。それが点のひとつ。

一歩踏み出して、次の段階でなにかをやる。なにをやっても続かないと言われていた子が、最終的には、たとえばパソコンが得意分野になるかもしれない。コンビニでバイトしたことが役立つかもしれない。全部つながる

石井　日がくるから、やりたいと思ったことがあれば、やればいいと思います。新しい学びの形があるとしたら、なんでも失敗できるのがいいですよね。不登校になった人の話を聞くと、みんな失敗を怒られて、次は失敗しないようにと思っている。みんないい子で、親や先生の気持ちを考えてる子が多いんです。学校も全部予定調和になっているように思います。だから、なんでも、子どもがトライできて、失敗できて、それでいいんだよって言える環境があればと思います。

中途半端でいい

北斗　子どものころに、そろばん教室に行ったことがあるんですけど、なにをやってるか全くわかりませんでした。そろばんの上に乗って、ツーッとすべったら、もう来るなと言われたんです。それも、今はわたしのネタになって、お金になってます（笑）。なんでもいいの、中途半端と言われようが、やってたら、なにかにつながるかもしれないから。

石井　中途半端でいいということを伝えたいですね。

北斗 引きこもっていても、そのときになにをやっているかが肝心だと思います。

石井 わたしも、不登校だった時期があるんですけど、まわりから見たら、なにもできない状態でした。でも、あのときほど考えていた時期はないと思うんです。あのとき考えていたことが、今でも軸になっています。

わたしだけじゃなくて、リリー・フランキーさんや押井守さんも、引きこもっていたことがあるそうなんですが、みなさん、同じことをおっしゃっていました。親御さんたちには、そこを信じてもらいたいです。目には見えないけど、なかですごく育っているんだってことを。

北斗 不登校だけでなく、就職できないで悩んでいる人もいますよね。たとえば、地方だと車が必要です。でも、お年寄りには免許を返納してもらいたい。一方で、免許を持っていて、仕事が見つからない若者がいる。その若者たちに、市が賃金を払い、お年寄りたちを買い物や病院に送り迎えしたりすればいいと思うんです。

石井 引きこもっている子が、おばあちゃんの介護を始めたんです。本格的な介護はできないんですけど、おばあちゃんの話をとにかく聞いていた。それがよかったんです。おばあちゃんはその男の子が来るのがすごく楽しみになった。そういう話を聞くと、組み合わせをもうちょっとどうにかできないかなと思いますよね。

北斗 不登校やひきこもりをしたことのある人は、人の悩みもわかるかもしれないですしね。若い人も、そういう経験からこういう仕事につきたいなと思うかもしれないし。引きこもっていた子が、一歩外に出て、人からありがとうと言われたら、その一言がどれだけうれしいか。やってよかったと思う。その一言が必要だと思います。

石井 不登校の子は、ありがとうと言うことが多すぎるんです。なんか支援される側になっちゃう。自分がやったことにありがとうと言われると本当にうれしいはずなので、出番を増やすということはよく言われていて、本当に大事なことだと思います。

実際、とりあえず免許取ろうという不登校の子たちは、たくさんいるんですよ。その先に、ちょっと仕事があるっていうのは、本当にうれしいと思います。

北斗 たとえば、学歴がなかったりすると、就職が難しかったりもすると思うんですけど、おばあちゃん買いもの行こう、という仕事があってもいいですよね。

石井 本当にそういうのやりたいです。

北斗 やってよ。協力するよ。介護の担い手も不足してるわけじゃない。本格的な介護はできなくても、ちょっと窓開けて掃除をしたり、話を聞いたり、なんてことはできる。弱い立場だから助けてあげようではなくて、その人たちにお金を生む方法を考えた方がいいと思います。

もし引きこもっていた子が外に一歩出て仕事して、親にハンカチなんかプレゼントしてみな。親は、ぼろぼろの雑巾みたいになっても、わたしが死んだときに顔にかけてくれとなりますよ。親も一緒に悩んできたわけなんだから。

なにかをやることで、なにかが見いだせる。かわいそうだから支援してあげましょうって、おかしいと思います。別にかわいそうじゃないですもん。生きてるんだから。ごはん食べて、元気なんだから。

石井 そうですよね。今日は、なんだか温かい気持ちになりました。どうもありがとうございました。

おわりに

最後まで、この本をお読みくださり、ありがとうございました。

子ども若者編集部では、取材のあと、近くのカフェで「振り返り」という時間をもっています。取材をしてどう思ったか、気持ちの振り返り、気持ちを吐き出す時間です。

こういうことを思った、昔の自分を思い出した、などと語り合う時間は、取材自体より長くなります。紙面には出ない部分ですが、彼ら彼女らにとっては、大事な時間になっています。そして、一緒に取材に行くと、これまでよりも強い絆で結ばれることもあります。

いま学校に行きたくないと思っている方が本書を読んでくださっていたら、ぜひ伝えたいことがあります。それは、学校の外にも、学校の外にこそ、自由で魅力的な世界が広がっているということです。一歩を踏み出してみたいとき、そのことを思い出してもらえたら嬉しいです。

そして、一歩を踏み出す先のひとつが「不登校新聞」であるならば、とても光栄です。現在の編集部員も、メールや手紙で連絡をくれ、仲間となりました。

親御さんたちも悩んでいることと思いますが、迷い悩み立ち止まるなかで、人は成長しているということをどうか信じてほしいと思います。

「不登校新聞」の読者のメーリングリストでは、親御さんたちが、お互いにさまざまな相談をしています。このメーリングリストで、押井守監督のところへ取材に行くことを知った親御さんが、当時引きこもっていたお子さんに伝えたところ、それがきっかけで編集部に入ったということもありました。それ以降、彼は、人とかかわるのが好きになり、今ではバーのマスターです。

本書が、読者のみなさんにとって、なんらかのヒントとなったり、少しでも心が軽くなったり、そんな存在になれたのなら、これほど嬉しいことはありません。

不登校したからといって、ダメだとか怠けているとか弱いとかいうことはなく、みんな自分の人生をよくしたいと一生懸命に生きています。一生懸命に生きる人たちを、温かく応援できる社会になればと心から願っています。

NPO法人全国不登校新聞社

初出一覧

「不登校新聞」の左記の号に掲載された記事を加筆修正し、マンガ、対談を加え、書籍化しました。

中川翔子	513号	（2019年9月1日）
ヨシタケシンスケ	517号	（2019年11月1日）
りゅうちぇる	521号	（2020年1月1日）
立川志の輔	17号	（1999年1月1日）
春名風花	489号	（2018年9月1日）
あずまきよひこ	314号	（2011年5月1日）
R-指定	445号	（2016年11月1日）
谷川俊太郎	65号	（2001年1月1日）
庵野秀明	79号	（2001年8月1日）
宇多丸	477号	（2018年3月1日）
田房永子	414号	（2015年7月15日）
大槻ケンヂ	31号	（1999年8月1日）
みうらじゅん	23号	（1999年4月1日）
糸井重里	71号	（2001年4月1日）
坂上忍	527号	（2020年4月1日）
椎名誠	25号	（1999年5月1日）
荻上チキ	457号	（2017年5月1日）

NPO法人全国不登校新聞社

1998年に日本で初めての不登校の情報・交流紙として「不登校新聞」を創刊。毎月2回、紙版とWEB版を発行している。これまでに1000名を超える不登校・ひきこもり経験者の声を掲載。「当事者の声に寄り添う」をモットーに、子どもに関わる問題やひきこもり、社会の在り方について考えている。2018年度 シチズン・オブ・ザ・イヤーを受賞。
http://www.futoko.org/

続　学校に行きたくない君へ
大先輩たちが語る生き方のヒント。

2020年7月13日　第1刷発行

編者　NPO法人全国不登校新聞社
発行者　千葉均
編集　近藤純
発行所　株式会社ポプラ社
〒102-8519 東京都千代田区麹町4-2-6
電話 03-5877-8109(営業)
03-5877-8112(編集)
一般書事業局ホームページ www.webasta.jp

組版・校閲　株式会社鷗来堂
印刷・製本　中央精版印刷株式会社

N.D.C.371/271P/19cm/ISBN978-4-591-16728-1

P8008294